Witold Wirpsza

Apotheosis of Music: Selected Poems

translated from Polish by Frank L. Vigoda

 WORLD POETRY

Eastern European Poets Series #49

Apotheosis of Music: Selected Poems by Witold Wirpsza
Copyright © Aleksander Wirpsza, 2025
English translation copyright and Introduction © Frank L. Vigoda, 2025

Eastern European Poets Series, No. 49

First Edition, First Printing, 2025
ISBN 978-1-954218-31-4

World Poetry Books
New York, NY
www.worldpoetrybooks.com

Available to the trade through Asterism Books
Distributed in the UK and Europe by Turnaround Publisher Services
Subscriptions and standing orders available directly from the publisher

Library of Congress Control Number: 2025930686

Images: *Tribesmen paddling in Accra, Gold Coast, Ghana*, 1953. Photo by Alfred Eisenstaedt. Courtesy the LIFE Picture Collection / Shutterstock. | Photo [Family making music together in living room] by Nikolai Kolli. Date unknown. (*The publisher has undertaken reasonable and good-faith efforts to contact the copyright holder for this image.*) | Both photographs were included in Edward Steichen's exhibit *The Family of Man*, mounted at The Museum of Modern Art in New York in 1955 and subsequently shown in 37 countries, and in the corresponding book, *The Family of Man* (New York: The Museum of Modern Art, 1955).

Cover design by Andrew Bourne
Typesetting by Don't Look Now
Printed in Lithuania by BALTO Print

This publication has been supported by the ©POLAND Translation Program.

World Poetry Books is a 501(c)(3) nonprofit and charitable organization founded in 2017 in New York City, affiliated with the Humanities Institute and the Translation Program at the University of Connecticut (Storrs), and a member of the Community of Literary Magazines and Presses (CLMP).

World Poetry's publications and programs are made possible with funding from the Poetry Foundation and the New York State Council on the Arts, as well as generous support from individual donors and subscribers.

Table of Contents

Introduction — vii

Hardships — 15
Tenderly — 19
Self-Portrait — 21
Dedication — 27
Music — 31
Work — 33
Third Study in Counterpoint — 35
On the Last Page with No Photograph — 37
Apotheosis of the Dance — 39
Damascus Steel — 53
Battle — 55
On Justice — 59
Numbers — 61
Fireworks — 63
A Little Theory — 67
The Doppler Effect — 71
Bridges — 75
The Smuggler — 77
God's Hand — 79
An Old Woman Dances on Her Parents' Grave — 81
No Paradise — 85
Business Trip — 89
Fairy Tale — 91
For the Suicides — 93
A Monologue by Wolfgang Amadeus Mozart — 97
A Variety of People — 105
Confession — 113
Free Verse — 117
For Poet Dreamers — 119
Christ Distributing Milk — 121
Death — 123
Musings (Random) — 125
The Better and Worse Tables — 131
Combustion — 135

Acknowledgments — 137

Introduction

Among the distinguishing qualities of modern Polish poetry is a focus on the ambiguities of language. This preoccupation may be an outcome of Poland's historical experience. The tsarist censorship throughout the nineteenth century until the end of World War I, when there was no Polish state, as well as the subsequent forty-plus years of Communist rule, led to the development of myriad modes of indirect speech. As early as 1946, the future Nobel laureate Czesław Miłosz put the case succinctly in his poem "Child of Europe," transformed into ironic advice to a ruler: "Let your words speak not through their meanings, / But through them against whom they are used." 30 years later Stanisław Barańczak captured the phenomenon even more explicitly in his poem "NN Begins to Ask Himself Some Questions":

> To speak a language in which the word "security" sends a shiver down the spine,
> the word "truth" is the name of a newspaper, and the words "freedom" and "democracy"
> are in the charge of the chief of police—how did we start these games?
> This frolicking with words, puns, reversed meanings—all this linguistic poetry...

Coming out of such a convoluted linguistic heritage, Polish poetry has thus long been concerned with uncovering shifts and manipulations of language, as well as with restoring language to its original function of naming, rather than obscuring or distorting for political ends.

Anglophone poetry lovers are generally familiar with only a few Polish poets of the last century, such as Czesław Miłosz, Zbigniew Herbert, or Wisława Szymborska, who have entered into the pantheon of world literature, and to some extent even influenced English-language poetry. Even to those more well versed, the vast majority of Polish poetry is little known apart from a handful of other poets, such as Tadeusz Różewicz, Jerzy Ficowski, Stanisław Barańczak, and Adam Zagajewski. None of these poets emerged from a cultural desert, however—they developed their talents from a rich literary tradition, and worked among peers who are less known to English-language readers.

Among those peers, Witold Wirpsza (1918–1985) occupies a distinct position. Even now, almost forty years after his death, Wirpsza retains influence in Poland as a "poets' poet," one who is published and republished, a continuous presence in modern poetic discourse. Yet until this volume, only a handful of his poems had been translated and published in English.[*]

Wirpsza's poetry belongs to that typical experimental and intellectual current of Polish literature. Unlike the direct, Whitmanian diction of much English-language poetry, Wirpsza's work employs an array of voices and linguistic techniques, all of which undermine our propensity to take what is being said at face value: humor, irony, grotesquerie, spoof, buffoonery, paradox, exaggeration, and nonsense. Yet through this abstract, speculative linguistic sophistication come unequivocal ethical and social messages.

Born in 1918 in Odessa, Wirpsza studied music at the Warsaw Conservatory and performed as a concert pianist before World War II. He made his debut as a poet in 1935 and went on to write more than twenty volumes of poetry. He was also a prominent translator from German to Polish; his translations (coauthored with his wife Maria Kurecka) include *Doctor Faustus* by Thomas Mann, *Homo Ludens* by Johan Huizinga, and *J. S. Bach* by Albert Schweitzer.

Wirpsza was captured while fighting in the September 1939 defense of Poland against the German invasion, and spent the

---

[*] Wirpsza's works translated to English to date include five poems in Stanisław Barańczak and Clare Cavanagh's anthology *Polish Poetry of the Last Two Decades of Communist Rule: Spoiling Cannibals' Fun* (Northwestern Univ. Press, 1991); a translation by Benjamin Paloff of "Commentaries on Photographs: The Family of Man (1962)," published as a chapter in the volume of essays *The Family of Man Revisited: Photography in a Global Age*, edited by G. Hurm, A. Reitz, and S. Zamir (I.B. Tauris, 2018); and Charles S. Kraszewski's 2014 version of "Apotheosis of the Dance" in the online journal *InTranslation* (intranslation.brooklynrail.org).

rest of the war in an Oflag (POW officers' camp). After the war, he returned to live in Poland until he moved first to Austria in 1966 and then to West Berlin in 1968, where he remained until his death in 1985. In 1971 Wirpsza was banned from official literary life in Communist Poland after the publication in Switzerland of a sociopolitical essay written in German, *Pole, wer bist du?* (Pole, who are you?), in which he tried to address the question of true national identity, as opposed to that distorted and falsified by stereotypes, expediencies (especially political), propaganda, nostalgia, and resentment. The publication ban on Wirpsza in Poland lasted until 1989, but his works were published underground during the 1970s and 1980s.

The title of this volume, *Apotheosis of Music*, is derived from Wirpsza's poem "Apotheosis of the Dance," which also served as the title of the volume published clandestinely in Poland in the year of his death. Wirpsza not only wrote about music in his poetry, he often treated his poems as musical pieces, structuring them in accordance with particular musical forms. For instance, "A Little Theory" is constructed around two main themes alternating in subsequent stanzas. The poet contrapuntally juxtaposes Mozart's and Bach's music on the one hand, and organ technique on the other, though both themes are treated ironically. The poem "Music," inspired by a photograph by Nikolai Kolli, culminates in a quarreling duet:

> Music is among
> The most sublime—the most perfect—ways
> Of telling—shape of beauty—lies.

This is to say: music is the most perfect shape of beauty, and (at the same time) music is among the most sublime methods of telling lies. In "Work," the poetic rhythm imitates the dynamic visual rhythm of paddlers in a photograph by Alfred Eisenstaedt, designed as a kind of a "fugue" of words. And "Third Study in Counterpoint" combines and builds upon motifs from the first two "studies," evoking and sometimes combining their "melodic lines."

"Music," "Work," and "Third Study" all belong to a cycle of poetic commentaries to thirteen of the photographs in the traveling photography exhibit *The Family of Man*, curated by Edward Steichen, then director of the New York City Museum of Modern Art's Department of Photography. During its triumphant worldwide tour in the mid-1950s to early 1960s, the 1955 MoMA catalog described it as "an exhibition of creative photography, dedicated to the dignity of Man" and an artistic document telling the truth about the world as it was. Wirpsza saw *The Family of Man* in Warsaw in 1962 and was clearly impressed. Yet he instantly discerned in the exhibit a careful and deliberate staging of a kind later discovered in Dorothea Lange's famous photographs of Depression-era poverty in the United States. He saw a pretense and a less-than-whole truth, ultimately a falsehood. He wrote in the introduction to his cycle, "*The Family of Man* presents only heaven and the upper layers of purgatory in man; hell was retouched—there is no hubris or lie." The concluding poem of the cycle, "On the Last Page with No Photograph," stands as a warning against the temptation to engineer a perfect society. Wirpsza's poems often exhibit his antipathy toward herd mentality, his fear of being included among the crowd and stripped of his individuality. "A separate table, please," the poet requests in one poem.

Wirpsza showed an irreverent attitude toward history too, apparent in poems that present historical and literary figures in outrageous ways. In "Battle," a whole herd of Don Quixotes are stuck in their respective windmills, launched into battle at full tilt; in the "Apotheosis of the Dance," he creates a Grand Guignol with Beethoven, Stalin, Plato, and Dante, as well as Shakespeare, Catherine the Great, and Augeas's stable boy in supporting roles. Stalin is first seen as a murderous literary hack wandering the countryside, later to show up as a pirouetting prima ballerina. The reader can simply sit back and enjoy the show, or if they desire, follow the metaphors where they lead. It's great fun either way.

Wirpsza's stubborn, almost obsessive preoccupation with looking beyond and beneath the appearance of words, and stripping away their pretense, is discernible in almost all his poems. This selection intends to represent and reflect the development and variation of his poetics across his literary lifespan. The poems are selected from volumes published during his lifetime, as well as those published posthumously: *Komentarze do fotografii: The Family of Man* (Commentaries on photographs: The Family of Man, 1962), *Apoteoza Tańca* (Apotheosis of the dance, 1985), *Cząstkowa próba o człowieku i inne wiersze* (A fragmentary essay on man and other poems, 2005), *Spis ludności* (Census, 2005), and *Utwory ostatnie* (Last works, 2007). I have included poems from the late 1940s, through the 1960s, to the end of Wirpsza's life in 1985. I have arranged them thematically rather than chronologically, with the kind permission of Witold Wirpsza's son, the late Leszek Szaruga, himself an outstanding poet. The volume concludes with Wirpsza's envoy to poets of the future, calling for poetry "of flammable material unsuitable for burning, [...] volatile, hard, venomous, nutritious, indifferent."

—Frank L. Vigoda
Warsaw, Poland, and Portland, Oregon, January 2024

Apotheosis of Music

Trudności

Nie te, które mam, ale te, które mnie ominęły,
Ale innych nie ominęły i ja to widziałem.

Nie byłem prowadzony do baraku z gazem,
Ale wiem, że inni mieli trudności przekraczając próg.

Mogłem tam być, ale mnie to ominęło,
Widziałem fotografie i nie miałem trudności przy oglądaniu.

Nie byłem wieziony w bydlęcych wagonach na wschód,
Ale wiem, że inni mieli tam trudności by wyżyć.

Ominęło mnie to, ale czytałem o tym książki
I nie miałem trudności w zdobyciu lektury.

Byłem w ogniu altyleryjskim, ale pociski mnie ominęły
I nie miałem trudności zobaczyć, jak innych zabito.

Zawsze byłem o miedzę od rzeczywistej grozy:
Nie dojadałem, ale nigdy nie byłem głodny.

Siedziałem lata za drutami kolczastymi,
Ale one były tylko kolczaste i nie było w nich prądu.

Siedziałem w samochodzie, który przejechał człowieka na śmierć,
Ale kiedy mnie samochód najechał, połamał mi tylko kości.

Nie przesłuchiwano mnie na policji abym wydał siebie,
Ani po to, abym wydał moich przyjaciół i moje dzieci.

Ale przesłuchiwano moje dzieci i moich przyjaciół
I ani przyjaciele, ani dzieci nie wydały mnie.

Hardships

Not my hardships, but the ones that missed me,
Yet they did not miss others, and I saw that.

I was not led to the gas chamber,
Yet I know it was hard for others to step in.

I might have been there, but it missed me,
I saw photos and it was not hard to look at them.

I was not carried to the east in cattle cars,
But I know others found it hard to survive there.

It missed me, but I read books about it,
And the books were not hard to find.

I was shelled, but the shells missed me,
And I did not find it hard to see others killed.

I was always a stone's throw away from real horror—
Sometimes I was hungry, but I never starved.

I spent years behind barbed wire,
But it was merely barbed, not electric.

I was in the car that ran over and killed a man,
But when a car ran over me, it only broke some bones.

I was not interrogated by the police to inform on myself,
Nor to inform on my children or friends.

But my friends and children were interrogated,
And neither informed on me.

Chodziłem o kuli i nie miałem trudności w rzuceniu kuli,
Chodziłem o lasce i nie miałem trudności w rzuceniu laski.

O miedzę, o krok, o włos, o głos, który ma być świadectwem
I oto je daję, nie trudząc się nadto o wyraz i styl.

Pękało mi serce, ale nie pękło ostatecznie i została blizna.
Może ta blizna stanowi trudność dla innych, ale nie dla mnie.

Berlin, 3 marca 1984

I used a crutch, and it was not hard to throw away.
I used a cane, and it was not hard to throw away.

A stone's throw, a step, a hair, a breath away from bearing witness,
And I do it, not striving too hard for eloquence or style.

My heart was broken, but not completely and I still have the scar.
Perhaps this scar is a hardship for others, but not for me.

Berlin, March 3, 1984

Pieszczotliwie

Tak trudno tańczyć na zamarzniętej
Nawierzchni, w zmiennych smugach
Czerwieni, żółci, zieleni; po nocy, w nowych
Butach o śliskiej podeszwie, sam z duchami
Przejechanych karłów; w Berlinie,
Moskwie, Paryżu, Filadelfii. Małymi łapkami
Karle dusze chwytają za sznurowadła; – : chodź
Do nas, mówią i ciągną we wszystkie
Strony świata po wszystkich stopniach
Busoli: raz zielonej, raz żółtej, raz
Czerwonej. Same nie tańczą; same
Nie: pieszczotliwie tylko ciągną za
Sznurowadła, jakby chciały tak rozwiązać
Wsystkie stopnie, wszystkie minuty i sekundy.

Ale są to jedynie duchy karłów. Karłów
Nie ma. Ważne są śliskie buty i
Zamarznięta powierzchnia oszalałej jezdni.

Tenderly

It is so hard to dance on a frozen
Surface in alternating flashes of red,
Yellow, and green, after a night out, in new
Shoes with slippery soles; alone with the ghosts
Of run-over midgets; in Berlin,
Moscow, Paris, or Philadelphia. With their small hands
The midget souls grab my laces: come
To us, they say pulling to every side
Of the world in every degree
Of the compass: now green, now yellow, now
Red. They are not dancing. Not
They: they are just pulling
My laces tenderly, as if they wanted to untie
Every step, minute, and second.

But they are just ghosts of midgets. There are
No midgets. The slippery shoes are what counts,
And the frozen surface of the street gone mad.

Autoportret
(w miarę niewidomy)

Rembrandt malował własną skórę i owłosienie,
Czasem nakrycie głowy, zawsze trochę odzieży,
Nigdy rąk; zacieniał górną partię twarzy,
Rozjaśniał dolną; na jednym z młodzieńczych
Obrazów lewe oko jest jakby zamglone, prawe
Patrzy bystro; aureola złotawa nad głową od rudej
Czupryny, dołem płótno przechodzi w zieleń i mrok.

Tycjan namalował sobie mocne ręce, bogate
Korale i obfitą brodę; dobrze w geście wielkopańskim,
A był już stary i siedział krzepko, kiedy sobie
Pozował; oczy spokojne, barwy różnymi sposobami
Zmierzają ku czerwieni, ale nie krwistej. Dlaczego?

Dürer wyrobił sobie bujne włosy, trefione gęsto;
Ustawił się prawie en face, playboy doskonały; żadnej
Zabawy w zamglenia, wzrok jasny, odzież ozdobna,
Tło światłe; barwy mocne, nie bał się kontrastów
I zgrzytów, w życiu pewnie i mocnych alkoholi.
Ale rzeczywisty jego autoportret to Melancolia
Ryta w miedzi, bezradna; obrzucona przedmiotami,
Których znaczenia w tej konfiguracji nikt dotąd
Nie rozszyfrował; starano się – i po co?

Podejrzewam, że wszyscy trzej byli niewrażliwi
Na muzykę, choć nie był im obcy zmysł kombinatoryki
I żadnych uczuć własnych w obrazach nie wyrażali,
Choć wzbudzają przygodne uczucia u widzów.
Są suwerenni wobec samych siebie: robią z sobą co chcą.

Nie umiem rysować i malować nie mam
Tego daru i nie żałuję. Niczyjego, swojego też, czoła

Self-Portrait
(Rather Sightless)

Rembrandt painted his own skin and hair,
Sometimes also a hat, and always some clothes—
But he never painted his hands; he put the upper half of his
    face in shadow,
And lightened the lower half; in one of his early portraits
The left eye seems cloudy, while the right
Gazes sharply; his red hair makes a golden
Halo, and the bottom of the painting turns green and dark.

Titian painted himself with strong hands, a rich
Bead necklace and thick beard—quite a lordly pose.
He was already old and sat assuredly when posing
For himself, with calm eyes, colors variously
Tending towards reds, but not blood red. Why?

Dürer gave himself thick hair, richly coiffed.
He placed himself almost en face, a perfect playboy, no
Playing with shadows, a bright look, ornate clothes,
Lit background, strong colors—he was not shy of contrasts
Or clashes, nor strong drink probably
But his real self-portrait is Melencolia,
Etched in copper, helpless, and surrounded by objects
Whose meanings and configurations
No one has yet deciphered—though many have tried. Why?

I suspect that all three were insensitive
To music, even if they were no strangers to combinatorics;
And they expressed no personal emotions in their paintings,
Even if their paintings evoke various feelings in the viewers.
Self-liberated, they did with themselves what they pleased.

I neither draw nor paint. I don't have
The gift, and it doesn't bother me. I will never darken or lighten

Nie rozjaśnię ani nie zaciemnię. Poezja nie jest
Myśleniem obrazami, ona obrazów używa jako
Środka do celu: obraz nie jest celem, nawet potrzebny.
Muzy oftalmicznej nie było. Homer był ślepy.
Sztuki wyzwolone odwracają wzrok.
Stawać się może wszystko niewidomym.

Ono jest we mnie i ze mnie wynika;
Nie ma w nim mroku ni blasku,
Światłocień też się tam nie ostanie.
Chociaż przenośnie tak: w zdwojonej metaforze
Diatonika zna tonacje ciemne i jasne
I przekształcenia między nimi, i zna
Ton wiodący, który ułatwia, ale nie rozstrzyga.
Druga przenośnia jest w sposobie mówienia:
Jasny i ciemny zespół dźwiękowy, barwa
Instrumentu; to są pożyczki lub pokrewieństwa z wyboru.

Ergo incipex. Głowa to pudło rezonansowe.
Dla organów tym pudłem jest wnętrze świątyni,
Ale dla głosu ludzkiego głowa. Istnieje
Rejestr: vox humana. Jaka jest moja vox?
Jaki jest mój rejestr?
      Autoportret będę więc robił
Z drgań i zapisów drgań, utrwalających układem postrzegalnych
Symboli to, co poza symbolami i czego wystawić się nie da
W żadnej galerii. Zapisane będą glissanda, czyli zawartość
Zwojów mózgowych, rozdźwięki i dysonanse,
Czyli różnice potencjałów, co da się zmierzyć, i
Konsonanse, czyli uspokojenia w sieci nerwowej
Czego się nie da zmierzyć. Będzie niewidoma
I mocna w bycie siła sprzężenia, ale nie aureola.
Będzie niewidomy pęd ku środkowi, ale nie
Korale i czerwień. Będzie niewidoma miłość i prawo, ale
 nie światłe
Tło. Będzie niewidome rozdarcie jakby ciężkiego jedwabiu,
Ale nie ryte w miedzi. Niewidome będą namysł

Someone's brow, my own included. Poetry is not
Thinking in images; it uses images as
A means to an end. An image is not an end, or even necessary.
There was no ophthalmic muse. Homer was blind.
Liberal arts avert their eyes.
Everything can become sightless.

It is all inside me and comes from inside me;
There is no darkness or luster in it,
And chiaroscuro won't stay there either.
Although metaphorically it will, as a double metaphor—
The diatonic has dark and light scales,
And transitions between them, as well as
A leading tone that facilitates but does not resolve.
Another metaphor is in the mode of speech:
A dark or light unit of sound, the timbre
Of an instrument—these are borrowings or affinities of choice,

Ergo incipex. The head is a sound box.
For an organ, the box is the interior of the church,
But for the human voice, it is the head. There is
A register, vox humana. What is my vox?
What is my register?
                              So I will create my self-portrait
Of vibrations and vibration notations that record as a set of
    perceptible
Symbols of what is beyond symbols and cannot be displayed
In a gallery. I will record glissandi, i.e. the content
Of brain cells: discord and dissonance, that is, differences
Between electric potentials that are measurable, as well as
Consonance, i.e. calming of the nervous system, which
Cannot be measured. There will be feedback,
Sightless yet assured in existence, but no halo.
There will be a blind rush towards the center, but no
Beads or reds. There will be blind love and law, but no lit
Background. There will be a blind tearing as of heavy silk,
But not etched in copper. Deliberation and doubt,

I zwątpienie, radość i występek, olśnienie i smutek,
Zaciśnięte usta i rozwarte oczy, niewidoma będzie rozpacz,
Ale nie będzie anioła melancolii i rozrzuconych
Wokół niego przedmiotów, zacienionych i rozjaśnionych
Partii twarzy, trefionych włosów i mocnych rąk. Bo i po co?

Będą pytania o widome, ale nie będzie odpowiedzi
Widomego. Mój autoportret, jeśli kiedykolwiek,
Nie będzie przedmiotem aukcji, nie będzie
Oprawiony, oprawcom będę niedostępny jak samemu sobie.

Berlin, czerwiec – lipiec 1983

Joy and transgression, illumination and sorrow, tight lips,
And open eyes will all be sightless. There will be blind despair,
But no angel of melancholy with objects
Scattered around, no fragments of faces in shadow
Or light, no coiffured hair or strong hands. Who needs it?

There will be questions about what is apparent, yet the apparent
Will not answer. My self-portrait, if it ever happens,
Will never be auctioned, never framed—equally inaccessible
To me as to those who might frame me.

Berlin, June–July 1983

Dedykacja

Pewien człowiek
W tropikalnym kraju
Zemścił się na swoim przyjacielu:

Wyszukał mianowicie
Znanego sobie pasożyta, glistę białą, nitkowaną długości
Około pięciu centymetrów i podczas serdecznego picia alkoholu
Położył ją druhowi swemu na kołnierzu; po czym spokojnie, z
    zadowoleniem,
Przypijając od czasu do czasu do swego towarzysza
(Ciepłe wino pachniało drożdżami, taki gatunek), patrzył jak mu
(Tamten nie czuł nawet łaskotania, pasożyt był prawie
    nieważki w swojej
Cienkości) powolnym ruchem robaczkowym owo stworzenie
Wpełza w owłosiony otwór ucha; dobrze, znikło w cieplutkim
    kanale:
Po czym przepił raz jeszcze, i drugi, i trzeci, aż rozanieleni
Wzajemnymi przyjaznymi uczuciami rozstali się senni nieco.

Nieznośne bóle głowy trwały u przyjaciela kilka tygodni, dwa
Miesiące, powiedzmy, coś w rodzaju rozpalonego ruchliwego
    pręcika
W mózgu; co działało niezwykle pobudzająco na wyobraźnię.
    Na przykład:
Płonące ryby, przewiercające statki poniżej linii wodnej,
    cichuteńko; albo:
Powietrze twarde jak lód (odpowiednio niska temperatura),
    wypełniające płuca (każdy pęcherzyk osobno); albo:
Polifonia instrumentalna, bez żadnego dysonansu (jedynie
    konsonansowe brzmienia),
Tylko że przeraźliwie donośne, kończące się ogłuszającym
    trąbieniem unisono.
I temu podobnych mnóstwo, a wszystko to pośród wzmagającej się
Bolesności całej czaszki. Sprawca zaś

Dedication

Once upon a time
In a tropical country
A man took revenge on his friend:

He obtained
A parasite he knew of, a white threadlike worm about
Five centimeters long, and when he and his friend were
    drinking together
He put it on his friend's collar. Then calmly and with
    satisfaction,
Raising his glass to his companion every so often
(The warm wine smelled of yeast) he watched
The creature crawl with a slow wiggly motion into his hairy ear.
(The man did not even feel a tickle as the thin parasite weighed
Almost nothing.) Good, it disappeared into the cozy tube.
Then they drank another glass, and another, and another.
    Finally they parted
With convivial bonhomie, both a little sleepy.

For the next several weeks, say a couple months, his friend
    suffered
Unbearable headaches, something like a wriggling burning rod
Inside his brain. They stimulated his imagination powerfully,
    for example:
Burning fish quietly drilling into ships' hulls below the
    waterline, or
Air hard as ice (an appropriately low temperature) filling the
    lungs (each alveolus
Separately), or instrumental polyphony (no dissonance, just
    consonance)
But horribly loud and ending in a deafening unison of trumpets,
And many similar things, all amid ever-increasing
Pain throughout the entire skull. The perpetrator
Tended devotedly to his friend: he brought a net

Pielęgnował przyjaciela z oddaniem; przychodził codziennie:
  kiedy ryby,
Przynosił sieć, kiedy lodowe powietrze, robił ciepłe okłady, przy
Dźwiękach hamonijnych śpiewał cieniutko i fałszywie, i tak
  każdemu wyobrażeniu
Starał się przynieść ulgę.

Któregoś dnia przyszedł, a bóle (u tamtego) ustały,
I przyjaciel był wesół, śmiał się i częstował winem. Wtedy
Popatrzył uważnie na koszulę tamtego, chwycił cieniutkie
  stworzenie
I powiedział: oto sprawca. Popatrzył jeszcze uważniej i
  powiedział: to
Samica, pewno pozostawiła jajeczka. (to była nieprawda). Tedy
Przyjaciel jął płakać, płacz przeszedł w ryk i ryk ten trwa już
Lat pięć, z przerwami na przyjęcie posiłku, bezsennie nieomal,
  chociaż
Bezboleśnie (bo to nieprawda).

Zemsta miała powody dość naturalne. Ów dotknięty plagą bowiem
Chciał, aby przyjaciel jego stał się lepszym człowiekiem,
  szlachetniejszym,
Mądrzejszym itd. Ja zaś, autor tej dedykacji, przekładam ją
Wszystkim, którzy tego samego pragną dla ludzkości (np.
  pedagogom, zwłaszcza
Jeśli rozwijają w tej mierze tzw. ożywioną działalność), a czynię
To, dziękując pokornie za doznane dobrodziejstwa.

For the fish; he made warm compresses for the icy air; and
 he sang
High and out of tune over the harmony—in this way he tried
To bring relief to each vision.

One day he came over and the pain had stopped.
His friend was happy, smiled and offered wine. Then
He carefully looked at his friend's shirt, picked up a theadlike
 creature
And said, here's the culprit. He looked closer, and said, it's
A she, she's probably laid eggs (which was not true). His
Friend started crying, the crying turned into a howl and his
 howl has lasted
For five years now; he only takes meal breaks and goes
 without much sleep
Although without pain (since it was not true).

The reason for the revenge was simple enough. The afflicted
Once tried to make his friend a better person—nobler and
Wiser, etc. As for me, the author of this dedication, I offer it
To all who desire to improve mankind (such as pedagogues,
Especially those who tend to be overzealous in this matter).
To them I extend my humble thanks for the blessings
 bestowed on us.

Muzyka

Czytają uważnie nuty. Matka: pianino; ojciec: flet; pierwszy
Syn: kontrabas; drugi syn: klarnet; trzeci syn: wiolonczela. Córek
Nie ma w tej rodzinie. Umeblowanie nieco staroświeckie;
Na ścianie wisi saksofon, obok zegar z obciążnikami. Ojciec
(Flet) pewnie wytupuje rytm nogą. Czytają uważnie nuty;
(Zapis partii fortepianowej jest w zarysach widoczny, pianino
Na pierwszym planie, na pewno: dziewiętnasty wiek); czytanie
Nut (napięta uwaga) nadaje twarzom wyraz otępienia.
Wchłaniają; wyraz; piękno; otępienia. Tedy
Nuty te pałeczki z gałkami) wbiją im się którejś chwili
W czaszki i będą tak chodzić z głowami naszpikowanymi;
Nuty będą sterczeć gałkami na zewnątrz; niby z krągłokolcymi
(Po całym mieście, do pracy również) jeżami: w mózgu zaś
Zakończenia pałeczek wywołają łaskotanie. „A cóż cię
Łaskocze, synu?" „Matko, łaskocze mnie e, gis, h, akord
E-dur." „A cóż cię łaskocze, ojcze?" „Synu, h, łaskocze mnie
H, ton prowadzący do c." Jeden z najbardziej
Uduchowionych; muzyka jest najdoskonalszym; ze sposobów
Mówienia; kształtem piękna; nieprawdy.
                      Czytają uważnie nuty dokładnie
Przebierają; aby się tylko; palcami; nie pomylić.

Music

They read carefully from their scores. Mother—piano, father—
    flute, first
Son—double bass, second son—clarinet, third son—cello. No
    daughters
In this family. The furniture is somewhat old-fashioned.
A sax hangs on the wall near a pendulum clock. The father (flute)
Likely taps the rhythm with his foot. They read carefully from
    their scores;
(The piano score is almost legible; the upright in the foreground,
Is surely nineteenth-century). Reading
The scores (focused attention) gives their faces a dead look.
They absorb—look—beauty—dead. Therefore
The notes (stems with heads) at some point will nail themselves
Into their skulls and they will walk around with nails in their heads.
The notes stick out of their heads making them look like hedgehogs
With ball-ended spines (all over town, and at work) and the tips
Of the stems in their brains will tickle. "What is
Tickling you, son?" "E, G#, B, and an E-major
Chord, Mom." "And what is tickling you, Dad?" "B is tickling me,
Son, the leading tone to C." Music is among
The most sublime—most perfect—modes
Of speech—forms of beauty—lies.
                      They read carefully from their scores,
They move—so as not to—their fingers fast—make a mistake.

Praca

To pluszczą trójzębne wiosła; mięśnie bardzo
Dobre na plecach; pod skórą; to pluszczą lśniące. Dokąd
Lśniące; to liny, to sieci; ach w dal; na ryby;
To pluszczą; ach lśniące.
                    W pewnym miejscu morza
Jest dziura, otwór o przekroju mniej więcej dwóch
Metrów, wir, ale nie lejowaty, przeciwnie: w kształcie
Walca (o przekroju 2 m), z tym, że zielonkawe wodniste
Ściany wirują (ach pluszczą; ach lśniące). Do tej tedy
Dziury zawiedzie; ach lśniące; wioślarzy wiosłowanie (czyli:
Pożyteczna praca; ach pluszczą). Ześlizgują się kilka-
Naście, dziesiąt, set kilometrów (tą dziurą) w dół, w pod-
Ziemie, ściślej: -wodzie. Piekło (nie pluszczą, nie
Lśniące). Teraz setki kilometrów (kwadratowych). A w jednym
Miejscu (ach piekło, ach lśniące) stoi słup (kiemasz
Wiejski z rozpalonej miedzi, i ryba, którą mieli złowić,
Przykaże: wspinać się do góry; do góry więc
Będą się (skóra syczy) wspinać po rozpalonej
Miedzi do góry (mięśnie bardzo dobre na
Plecach); (ach syczy; to lśniące); po rozpalonej (skórę
    przycisnąć do słupa)
Gęsiego; pierś do; na plecach; rozpalonej; mięśnie bardzo
Dobre; gęsiego. Wiekuistość syczenia; to pluszcze; to lśniące;
Gęsiego; to syczy. Słup potem zygzakiem przez wszechświat,
Słup pętlami, to pożyteczna; nieskończoność; praca; to
Pluszczą; to mięśnie; to pierś; piekło; syczy; gęsiego.

Work

The trident paddles splash—very strong back
Muscles—under the skin—they splash and gleam. Where
Does their gleam go—ropes, nets—oh into the blue—for fish—
They splash—they gleam.
                            Somewhere in the sea
There is a hole, an opening two meters, more or less,
In diameter, a whirlpool but not funnel-like, to the contrary, more of
A cylinder (2 m in diameter) and its greenish water walls
Whirl (how they splash—how they gleam). So the paddlers' paddling (i.e.
Useful work—how they splash) takes them—how they gleam—straight
To that hole. They slide a few, a few dozen
A few hundred kilometers down (that hole) into the under-
Ground, or more precisely (under)water. Hell (no splash, no
Gleam). Now it's hundreds of (square) kilometers. And in a certain
Place (oh hell, how it gleams) there is a pole (like at a country
Fair) of red-hot copper, and the fish they were to catch
Order them to climb. Upwards they
Climb (skin sizzling) on the red-hot
Copper (their back muscles
Are very strong)—(how it sizzles, this gleaming) on the red hot (press the skin to the pole)
One by one—chest against—oh the backs—red-hot—very strong
Muscles—one by one. The eternity of the sizzle—splash—gleam—
One by one—sizzle. Then the pole, they zigzag through the universe,
The pole in loops—useful—eternity—work—
Splash—muscles—hell—sizzle—one by one.

Trzecie studium kontrapunktowe

Będą się wspinać po rozpalonej miedzi
Do góry; nuty (pałeczki z gałkami) wbite do czaszek;
Wioślarze (nie wiadomo), muzykanci (nie wiadomo), (piekło;
Ach lśniące), Ryba, którą mieli złowić: „Synu,
A cóż cię łaskocze?" Muzyka łaskocze, zygzakiem przez
Wszechświat, słupem rozpalonej miedzi: trąba,
Tuba mirum; dźwięk,ześlizg wodnisty, zielonkawy, wirujący.
Posiadanie wiekuistości odbywa się w pokoju po
Staroświecku umeblowanym, tam: skóra syczy,
Pierś szczelnie do rozpalonego metalu, skóra
Dymi, krągłokolce jeże z łaskotaniem w mózgu dmuchają
W otwór fletu, przeciągają po strunach
Wiolonczeli, uderzają paluszkami w klawisze, przeciągają
Po strunach kontrabasu, dmuchają w stroik
Klarnetu; wioślarze runęli w dół; odkrywcy; mięśnie
Bardzo dobre na plecach; czeluści piekielnych.

Third Study in Counterpoint

They will climb up the red-hot copper—
The notes (stems with heads) nailed into their skulls;
The paddlers (possibly) musicians (possibly) (hell—
How they gleam). The fish they were to catch, "What is
Tickling you, son?" Music tickles, zigzagging through
The universe as a pole of red-hot copper—a trumpet,
Tuba mirum—the sound, greenish, whirling watery slide.
Taking possession of eternity takes place in
An old-fashioned room—there, skin sizzles,
Chests tight against the red-hot metal, skin
Smokes—hedgehogs with ball-ended spines tickling their brains blow
Into the mouthpiece of the flute, draw the bow across the cello
Strings, press the keys with their fingers, draw the bow
Across the double bass strings, blow the clarinet
Reed—the paddlers plunged down—the discoverers—very strong back
Muscles—into the abyss of hell.

Na ostatniej karcie, na której nie ma już fotografii
Monolog

Ja kiedyś będę, wielcy wychowawcy, widzisz,
Poeto, przystosują mnie idealnie do życia i ja kiedyś
(Możejuż niedługo, za lat sto) kiedyś
Będę dokładnie, czyli bez reszty, bez tarć, bez
Nieporozumień, więc dokładnie włączony w doskonałe
Społeczeństwo, tj. moje szczęście i społeczeństwa
Szczęście: dwie figury geometrycznie ściśle przylegające. Widzisz,
Poeto, oni (wychowawcy) będą ingerowali zastrzykami
W łono mojej matki (czyli w moje ciało) i w ten sposób
Ukształtują moje kości, mięśnie, system nerwowy i mózg i
Będę uzdolniony wąysoce, widzisz, poeto, będę miał
Nieskazitelny charakter, w niczym, tj. ja, który
Będę, w niczym się nie sprzeniewierzę, mnie
Teraz nie ma jeszcze, widzisz, poieto, nie mamnie, więc
Boję się, drgam, luźne atomy w powietrzu lub gdziekolwiek, widzisz,
Poeto, ty także będziesz, wielcy wychowawcy, spreparowany, i ja,
Preparat, do ciebie, preparatu, tak będę, ach, wyśpiewaj
(Będę musiał tak mówić), łagodne piękno świata, porzuć
(Musisz), porzuć, widzisz, poeto, ten grzech
Pierworodny, rozstałeś się z nim, wiem, piękno świata, szczęście
(Zakłamane zastrzykami) ludzkości, wtedy nie będę się bał, teraz
Boję się, nie ma mnie, widzisz, poeto, będziemy
Szczęśliwi i ty, widzisz, poeto, pięknościami spreparujesz,
(Rozkłamiesz w bezgrzeszności swojej) nas do
Błogości rozanielenia.

To monolog. Wychowawcy moi serdeczni, grzechem
Pierworodnym, tą pychą moją, ukochanym zochydzę
Człowieczeństwo wasze ukochane; wasze oczy ślepe
(Wasza miłość); nie zobaczycie, wychowawcy.

On the Last Page with No Photograph
A Monologue

Poets, listen up: someday our eminent pedagogues
Will make me perfectly conform to life, and someday
(Perhaps soon, perhaps a hundred years hence) I will
Seamlessly, i.e. without excess, friction, or
Misunderstandings—or better yet—perfectly, blend into the ideal
Society, thus my happiness will match society's happiness—
Two pieces of the puzzle will fit neatly together; you see
Poets, they (the pedagogues) will intervene with various shots
(According to precise calculations—ah precision!) injected
Into my pregnant mother's belly (i.e. my body) and in this way
Will form my bones, muscles, nervous system, and brain, and
I will become highly talented; poets, hear me, my character
Will be flawless, i.e. this new me will never be disloyal, but I
Am not yet—poets, listen—I am not yet, in truth I am
Scared and trembling, just random atoms flitting about;
You see, you also will be re-engineered, poets, I have to
Tell you that these eminent pedagogues and the re-engineered I will
Tell the re-engineered *you* that you need to sing the gentle
Beauty of the world, and renounce (believe me poets, you must)
The original sin that I know you abandoned for the beauty of the world
And the happiness of mankind (fabricated, by injection), then
I will not be scared; now I am scared because I don't exist,
And you see we will be happy, and you, poets, with your beauty
(A sinless lie) will prepare us
For angelic bliss.

This is just a monologue. I sully your precious
Humanitarianism, dear pedagogues, with my hubris,
My precious original sin, and your blind eyes
(Your love of humanity) can't even see it.

Apoteoza tańca
(próba mowy niepowikłanej)

1. *Beethoven w półmroku*

Prawdziwa wersja śmierci Beethovena
Okazuje się niesłuszna. Nie zgadza się
Data: dzień, rok, nawet stulecie; Beethoven
Umarł kilka dni temu, w dwudziestym
Wieku.
    Szedł ulicą po mokrym śniegu
We Lwowie, w płaszczu z kapturem
I w mocnych butach. Była połowa
Grudnia, znak zodiaku się zgadzał.
Zmierzchało i cień jego rozpływał się w
Wilgoci. Ulica była prawie pusta.
Kiedy z wolna wyprzedzał go jezdnią
Samochód, padł strzał i B. upadł
Na brzuch. Zaraz potem policja znalazła
Tuż koło niego pistolet, pachniał świeżo,
Rana była w skroni.
                I naraz stało
Się niejasne, czy to samobójstwo, czy
Morderstwo. Do śledztwa dołączono później
Dokument, przemawiający za zamiarem
Samobójstwa, ale data była różna, B.
Musiałby mieć ponad półtora wieku.
Stwierdzono, że samochód należał do
Mafii.
    Kiedy nadjechała sanitarka i
Sanitariusze ułożyli B. na noszach,
B. oddychał spokojnie, choć lekarz stwierdził
Śmierć. Ciężki był B., nie dało sie
Podnieść noszy i sanitariusze zaczęli
Tańczyć pantomimę, wyobrażającą noszenie

Apotheosis of the Dance
(An Attempt at Uncomplicated Speech)

1. Beethoven in the twilight

The actual account of Beethoven's death
Turns out to be incorrect. The date is clearly
Wrong: the day, year, and even the century. B.
Actually died a few days ago, in the twentieth
Century.
        He was walking through wet snow on a street
In Lwów, wearing a hooded overcoat
And sturdy boots. It was mid-December,
At least the Zodiac sign was right.
It was twilight and his shadow dissolved
In the damp. The street was nearly empty.
A car passed him slowly,
A shot was fired and B. fell
On his stomach. Shortly after the police found
A pistol next to him, still smelling of gunpowder.
A wound in his temple.
        All of a sudden it became
Unclear whether this was suicide or
Murder. Later a document included
In the file suggested premeditated
Suicide, but it had a different date. B. would have
been over a century and a half old.
It was established that the car belonged
To the Mafia.
        When the ambulance arrived and
The paramedics placed B. on a stretcher,
He was breathing normally, even though the doctor had declared
Him dead. B. was heavy and the stretcher was difficult
To lift, so the paramedics mimed
A dance of carrying a corpse;

Zwłok; tańczyli również policjanci i
Nieliczni przechodnie (jeden z policjantów
Udawał samobójcę, drugi mordercę, aż
Pobili sie między sobą). Potem zjawiły się
Skrzaty w przebraniu dat od roku
1827 po dzień niedawny: korowód. Potem
Oderwały się z nieba gwiazdy ze znaku
Strzelca i jęły iskrzyć, aż rozigrały się
Cienie. Beethoven oddychał miarowo
W synkopach z opóźnieniami harmonicznymi.

2. *Stalin na rozdrożu*

Poeta czułostkowy Dżugaszwili pisywał
Pod pseudonimem Józef Stalin, a to
Dlatego, że biorąc udział w jednej z pierwszych
Wypraw Krzyżowych, wpadł na czas krótki w ręce
Saracenów i jako jeniec był zatrudniony,
Przy hartowaniu stali damasceńskiej. Uległ
Poparzeniom i został zwolniony jako nie
Nadający się do żadnej pożytecznej pracy.
Zafascynowany procesem produkcyjnym, przybrał
Sobie nazwę własną od wytworu końcowego i
Zaczął pisywać czułostkowe wiersze. Wygłaszał
Je po jarmarkach w południowej Anglii: był
Wagantem:
        Raczej nawet powsinogą nie bardzo
Wiedział co robi; był prostaczkiem. Przemieszczał
Się od wsi do wsi nocami, nawet zimą i w
Mróz. Pewnej nocy, kiedy termometr wskazywał
Dwadzieścia stopni poniżej zera na skali
Reaumure'a i noc była bardzo gwiaździsita,
Opadły go na rozstaju wygłodzone wilki.
Nie miał czym sie bronić, najpierw skrył się za
Drogowskaz, ale była to licha osłona: dobył

The police officers danced and a few
Random passersby danced too. (One officer
Pretended he was the one who had killed himself,
Another pretended to be the murderer, and they started fighting.)
Then a procession of dwarfs showed up dressed as dates
In the calendar from 1827 to the present. Then
The stars from the sign of Sagittarius broke away
From the sky and started sparkling, then the shadows
Began to dance. Beethoven was breathing evenly
In syncopation with harmonic suspensions.

    2. Stalin at the crossroads

The sentimental poet Joseph Dzhugashvili wrote
Under the pen name Stalin; this was
Because, while participating in one of the first
Crusades, he fell for a time into the hands
Of the Saracens, and as a slave was employed
In the hardening of Damascus steel. He suffered
Burns on the job and was released as unfit for work.
Fascinated with the production process, he took
His name from the end product, and
Began writing sentimental poems. He read
Them at fairs in Southern England; he was
A wanderer,
        Or rather a vagabond, a simpleton,
He did not really know what he was doing. At night
He moved from village to village, even in winter, in
The freezing cold. One starry night as the thermometer
Read minus twenty degrees
Réaumur, a pack of hungry wolves
Surrounded him at a crossroads.
He had nothing with which to defend himself; first he hid behind
A signpost, but it was a poor shelter, so he took
Some manuscripts from his pocket and in the moonlight

Tedy z zanadrza rękopisy i w blasku księżycowym
Jął śpiewnie deklamować. Tego wilki nie
Wytrzymały: zrazu przystanęły miękko, potem
Ruszyły w tan, przycupując, wyskakując
Górę, kręcąc młynki i piruety w srebnym połysku
Gwiazd. Rękopisy Stalina także zaczęły się
Srebrzyć, a nadto wydłużać, zwężać i prężyć:
Była to niewiadomym sposobem stal damasceńska
I teraz Stalin też zaczął tańczyć, podrygując, przy –
Siadając, fechtując i siekąc rozbisurmanione
Wilki, aż wysiekł je co do jednego.
                              Po czym udał się
W dalszą drogę. Następnego dnia ciągnące tamtędy
Zbiry miejscowego satrapy znalazły zwłoki trzech
Odgłowionych dziewcząt okolicznych pod drogowskazem.
Stalin nie pokazał się już nigdzie i w południowej
Anglii zabrakło odtąd czułostkowej poezji.

3. *Rycerze u wniebowzięcia*

Idiota, wspaniały, tańczył tylko sam. I tylko
Tańczył: w samo południe. Zajeżdżał na targowisko
Swym zajeżdżonym samochodem, wwiercał się
Między straganami (niczego nie trącając) w sam
Środek rynku, po czym wysiadał i gramolił
Się na dach. Tam tańczył, sam właśnie.
                                    Okoliczni
Rycerze dybali od dawna na idiotę, ale sami
Wspaniałymi nie byli. W pewne samopołudnie
Ruszyli ze zbrojnym i kopytnym chrzęstem na
Targ, tańczące na zadach konie poroztrącały
Stragany, aż zawirowały jabłka i kury firknęły
Z rozłamanych klatek; bezskrzydli przekupnie
Zamachali górnymi kończynami. Idiota był właśnie
Na dachu samochodowym i wówczas rycerze

Started to recite mellifluously. This was too much
For the wolves; first they paused and became quiet, then
They started dancing, squatting, and jumping,
Turning around and pirouetting in the silvery glow
Of the stars. Stalin's manuscripts too started to shine
Silver, and also to stretch, narrow, and flex.
Miraculously, they had turned into Damascus steel,
And now Stalin too started dancing, shaking, squatting,
Fencing, and slashing at the boisterous
Wolves until he killed every last one.
                                        Then he moved
On. The next day some passing thugs
From the local satrapy found the corpses of three
Beheaded maidens under the signpost.
Stalin never turned up again, and sentimental poetry
In southern England was no more.

3. *Knights at the assumption*

An idiot, a magnificent one, danced all by himself. Just
Danced. At high noon. He would drive to the market
In his battered car, squeeze through
The stalls (without touching anything) to the very
Center of the market; then he would get out and clamber
on the roof of the car. Where he danced all by himself.
                                                    The local
Knights had been pursuing this idiot for a long time, but they
Weren't magnificent. Once, at high noon, they invaded
The market with an armed and hoofed clatter,
Their dancing horses overturned
The stalls so that apples whirled and hens fluttered
From their broken cages, and the wingless merchants
flapped their upper appendages. The idiot was
On the roof of his car, and the knights
Lunged at the car and abruptly lifted it with their

Dopadli samochodu i unieśli pojazd na mieczach:
Raptownie. Z tego impetu rzuciło idiotę w górę.
Ale tańczyć nie przestał; unosił się coraz wyżej, coraz
Bardziej sam, przekupnie rozpierzchli się i zostali
Sami tylko rycerze, na ostrzach mieczy wznosząc
Zajeżdżony samochód.
                        Niedaleko słońca migotała
Prześwietlona aureola idioty; i zatańczyło słońce,
I słońce i idiota było to jedno i to samo. Sześciu
Rycerzy skamieniało i samochód też stał się skamieliną.

4. *Platon u klawiatury*

Recenzenci muzyczni półkuli południowej
Byli na ogół zgodni w tym, że repertuar Platona
Był szczupły i mało zróżnicowany. Dwóch, trzech
Kompozytorów z drugiej połowy osiemnastego
Stulecia oraz palcówki Hanona i Mertck'ego, które
Z niezwykłą biegłością produkował na bis.
Występy swoje Platon zaczynał dwiema sonatami
Mozarta w C-dur, potem grał byle co podrzędnych
Twórców i wreszcie bisował: niezależnie od
Natężenia poklasku.
                    Pewien krytyk wszelako, obcy
W tym obszarze geograficznym, przybyły nagle i nie
Wiadomo skąd, wziął się na sposób: nie chodził
Na koncerty, lecz zakradał się na werandę
Domu gdzie Platon mieszkał i podglądał go i
Podsłuchiwał, kiedy pianista ćwiczył. Najpierw
Żaden dźwięk nie dobiegał, ponieważ Platon
Pochylał się tak nisko nad klawiaturą aż broda
Zakrywała ją całkowicie i palce pianisty pląsały
W owłosieniu raczej niż po klawiaturze i nie
Dobywały tonu; domyślać się można było, że
To palcówki. Potem Platon zgarniał hrodę z klawiszy

Swords. The impact sent the idiot into the air,
Yet he did not stop dancing; he flew higher and higher, more
And more alone, the merchants ran away, and only
The knights were left, holding up the battered car
With the blades of their swords.
                                        The idiot's overexposed halo
Glimmered against the sun, and the sun started to dance.
The sun and the idiot became one. The six
Knights petrified and the car too became a fossil.

4. *Plato at the keyboard*

Music critics of the southern hemisphere
Generally agreed that Plato's repertoire
Was meager and hardly diverse: pieces by two or three
Composers from the second half of the eighteenth
Century, and exercises by Hanon and Merz that
He presented rather skillfully as encores.
Plato would begin his performances with two sonatas
In C-major by Mozart, then he would play something by some
Minor composers, and then an encore—regardless
Of the strength of the applause.
                                        However, one critic, a stranger
In that geographical region, appearing out
Of nowhere, figured out a trick—he did not attend
The concerts; instead he sneaked onto the porch
Of the house where Plato lived, and spied
And eavesdropped while the pianist practiced. At first
No sound reached him because Plato was
Bent over the keyboard so low that his beard
Completely covered it, and his fingers were dancing
In his facial hair rather than on the keys, without making
A sound; you could imagine these were
Exercises. Then Plato lifted his beard from the keys
And played a sonata by Mozart like it was a bonus track.

I grał sonatę Mozarta, jakby to był naddatek.
Po obiedzie upijał się.
                      Pijany grał pod rząd:
Beethovena, Chopina, Debussy'ego, Strawińskiego,
Schönberga. Do osiemnastego stulecia nie wracał, gdy
Zaś wypił jeszcze, palce mu plątały i wałęsały
Się między brodą a klawiaturą, tak że raz dźwięk
Dochodził, raz nie. Obcy krytyk napisał o tych
Przypadłościach broszurkę i wydał ją w Roku Pańskim
1584 w Drukarni Łazarzowey w Krakowie.

    5. *Dante w terminie*

Dante Alighieri terminował lat kilka
W szkole dla katów i oprawców w Bieczu, niedaleko
Krakowa; była to uczelnia o sławie wówczas (szesnaste stulecie)
Światowej. Miała dobrze zorganizowane wydziały i fachowo
Obsadzone katedry. Wydział Tortur czyli Środków
Dowodowych dysponował katedrami: Rozciągania Członków,
Przypiekania Żelazem, Szarpania Obcęgami, Pławienia
Czarownic itd. Wydział Wykonywania Wyroków
Śmierci Kwalifikowanej obeimował katedry: Ćwiartowania,
Łamania Kołem, Wbijania na Pal, Żelaznej
Dziewicy; prowadzono tam również ćwiczenia z zakresu
Oślepiania na różny sposób, wycinania języków, obcinania
Kończyn. Wydział Wykonywania Wyroków
Śmierci Niekwalifikowanej był skromny: Katedra
Wieszania. Katedra Palenia na Stosie,
Katedra ścinania Mieczem lub Toporem, zwana także
Katedrą Pienną. Była również katedra zwana
Wysokopienną, inaczej: Krzyżowania; zajmowała się wszakże
Samą tylko teorią.
                    Uczono także, co bardzo chwalebne,
Anatomii i fizjologii, tudzież, ale tylko ukradkiem,
Działania trucizn, co łączyło się z podejrzeniem o alchemię.

After dinner he got drunk.
                    Drunk, he played:
Beethoven, Chopin, Debussy, Stravinsky, and Schoenberg,
In that order. He never returned to the eighteenth century, and
As he drank more, his fingers started to dance and wandered
Between his beard and the keyboard so that the sound
Would now ring out, and then not. The critic wrote a pamphlet
On this condition and published it Anno Domini 1584
At the Lazarus Press in Kraków.

5. *Dante in training*

Dante Alighieri trained a few years
At a school for executioners and torturers in Biecz near
Kraków. At that time (the sixteenth century) it was a world-famous
School. It had well-established colleges and departments staffed
With top practitioners. The College of Torture, or Obtaining
Evidence, included the Departments of: Limb Stretching,
Iron Branding, Pincer Pulling, Witch Dunking, etc.
The College of Execution of Qualified
Death Sentences included the Departments of: Quartering,
Wheel Breaking, Impaling, and the Iron
Maiden; it also offered courses in
Different methods of blinding, tongue extraction, and limb
Severing. The College of Execution of Unqualified
Death Sentences was modest. It included the Departments of:
Hanging, Burning at the Stake,
And Beheading with Swords and Axes, also called
The Stump Department. There was also a Tall Stump Department,
A.k.a. the Crucifixion Department; however it dealt only
In theory.
            Commendably, anatomy and physiology
Were also taught, as well as the workings of poisons,
The latter only furtively, as this could lead to suspicions of
   alchemy.

Laboratoria i narzędziownie były znakomicie
Wyposażone.
        Brakowało instytutów obchodzenia się z
Bronią palną, elektrycznością oraz gazami: nie umiano
Wybiegać w przysłość. Mniejsza z tym.
        Otóż Dante, zjechawszy do
Biecza, okazał się studentem mało pojętnym,
Zwłaszcza w przedmiotach teoretycznych; ale i w
Przedmiotach praktycznych był opieszały. Nie potrafił
Np. dobrze odciąć głowy od tułowia, ponieważ nie
Znał układu kręgów szyjnych; przypiekał w miejscach
Niebolesnych, bo nie wiedział, jak wygląda sieć połączeń
Nerwowych. Czyli: to, co miało być bezbolesne
(Ścięcie), było u niego męczarnią, zadawanie mąk (przypiekanie)
Było natomiast nieefektywne i prawda nie wychodziła
Na jaw. Rysował źle, ledwo umiał czytać
I pisać.
    Pewnego razu, na ćwiczeniach z pławienia
Czarownic, schwycił odpowiednio urządzoną kukłę i zamiast ją
Pławić, ujął w ramiona i nad brzegiem rzeki,
W samo południe, zaczął z nią tańczyć bolero, taniec
W tej okolicy nieznany; do taktu śpiewał fałszywie. Zdumienie
Starszyzny katowskiej było tak wielkie, że ani się
Spostrzegli, kiedy Dante, tańcząc wciąż w górę rzeki, znikł
Im z pola widzenia. Rozesłano listy gończe: na próżno, choć
Dante tańczył wciąż w górę rzeki; ale ta rzeka nie miała góry.

6. Kankan

Zwołano ich wszystkich do kupy, ustawiono
Szeregiem i przydano każdemu do
Pary. Była to chyba pustynia Libijska z przyrodzonym
Amfiteatrem skalnym. Muzyka pochodziła nie
Wiadomo skąd, organizatorzy wystroili się w mundury
Policyjne i zaopatrzyli w pałki.

The labs and tool shops were very well
Equipped.
        There were no institutes for
Firearms, electricity or gases; The school did not
Anticipate the future—a minor point.
                          Dante, when he arrived
At Biecz, turned out to be a poor student,
Especially in theory, and slow in practical
Subjects. For instance, he could not properly
Separate the head from the torso because he did not know
The layout of the neck bones; conversely, he burned
The non-pain-sensitive areas as he did not understand the network
Of neural connections. In other words, what should have been
painless (decapitation) was torture. As he was no good
At inflicting pain (burning), the truth could not be
Extracted. He sketched badly and could barely read
Or write.
        Once during a class in witch-dunking
He grabbed a specially prepared effigy, and instead of
Dunking it, he took it in his arms and at the river bank
At high noon he started dancing a bolero, a dance unknown
In that region; he accompanied himself singing off-key. The teachers
Were so shocked that before they knew it,
Dante had disappeared from view dancing upriver.
They sent warrants after him, to no avail, even if he
Was still dancing upriver. But that river had no up.

6. *The cancan*

They were gathered together, made to stand
In a row and given a partner. This was
Probably in a natural stone amphitheater
In the Libyan Desert. The music came from an un-
Known location, the organizers were in police
Uniforms and they carried batons.

                        I nagle wszystko ruszyło
Z miejsca. Primabaleriną był Józef Dżugaszwili, a
Nawet i primadonną: jego smukłe nogi ukłuwały co
Pochwila w utrafiany przez wytworny trzewiczek punkt
Na żarliwym niebie; podśpiewywał sopranem pod szum taftowych
Spódnic. Przydano mu do pary Williama Szekspira.
Krawca, który uszył te właśnie spódnice, a teraz starał się
Primabalerinie (Stalinowi) podstawić nogę, na co Stalin
Reagował piruetami; owe piruety Stalina stały się później
Wśród policjantów przysłowiowe.
                            Z lewej pląsał
Platon, myląc trochę rytm, za co obrywał pałami po karku,
Sekundowała mu zaś Katarzyna z domu von Anhalt –
Zerbst, rzeźbiarka z epoki kamienia gładzonego, przysadzista, o
Źle skrojonych spódnicach, z dużym za to poczuciem taktu.
Z prawej Beethoven; ten robił co chciał, wycinał nożyce
W łomocie bielizny, synkopował, mylił krok swemu
Partnerowi: był nim stajenny Augiasza. Dantemu
Przydano sześciokroć po sześciu katów, roz-
Bisurmanionych do imentu, rozszalałych w fur-
Koczących koronkach; policjanci potem mówili, że to
Od katów szły najmocniejsze płciowe opary. Dante sam
Tańczył niezbornie i przeszkadzał wszystkim.
                            Idiota wspaniały
Wystąpił, kiedy wszyscy już w ordynku zeszli ze
Sceny i wyprowadzeni zostali w kajdankach: do
Lochów skalnych: na wieki. Idiota nie tańczył
Kankana: ubrany był we frak, czarny i nie-
Skazitelny; nikt nie oglądał jego popisów: a
Żonglował sześciokroć sześcioma
Mieczami, zdobytymi ongiś na dybających nań
Rycerzach, przepadłych teraz nie wiadomo gdzie,
Choć słychać było w całej okolicy tętent koni,
Skandujących z niebios w dół w kankanowym rytmie.

Berlin, wiosną 1973

                        Suddenly everything started
To move. Joseph Dzhugashvili was the prima ballerina,
And also the prima donna; every so often his slender legs
Pricked a pointe on the fervent sky with his elegant shoes;
He hummed soprano to the rustling of his taffeta
Skirts. His assigned partner was William Shakespeare,
The tailor who sewed his very skirts, and now tried
To trip the prima ballerina (Stalin) to which Stalin
Responded with pirouettes; later Stalin's pirouettes became
Proverbial among the police.
                        To the left, Plato frolicked
A little off beat, for which he got batons to the neck,
He was backed by Catherine née von Anhalt-
Zerbst, a Neolithic sculptress, stocky, in
Poorly cut skirts, but with a great sense of decorum.
To the right was Beethoven; he did what he wanted,
    performing splits
In the air to the beat of the lingerie, syncopating, and confusing
The steps of his partner who was Augeas's stable boy. Dante
Was partnered with six-times-six executioners, who were hor-
Sing around like crazy, reveling in flut-
Tering laces; later the police claimed that the strongest
Sexual vibes came from the executioners. Dante himself
Danced awkwardly and was in everyone's way.
                            The magnificent idiot
Performed only after the others left the stage in an
Orderly fashion, and were led away in handcuffs to
Stone dungeons for evermore. The idiot
Did not dance a cancan; he wore black, spot-
Less tails. No one watched his show, though he
Juggled six-times-six swords won ages ago from the knights
Who had pursued him and now were lost who knows where,
Yet throughout the neighborhood their horses' hooves thundered
And the cadence of the cancan came down from the heavens.

Berlin, spring 1973

Stal damasceńska

W czasach chaosu i turbulencji
Rozważania o stali damasceńskiej
wywołują porządek w głowie

Broń sieczną hartowano na Bliskim Wschodzie
W ten sposób, że rozpalone ostrze
Wsuwano w klatkę piersiową i serce
Żywego niewolnika. Wysuwano potem. Krew uszlachetniała.
Należy się domyślać, że niewolnik taki
I tak byłby zabity za jakieś przewinienie.
Było to więc, mając na uwadze inne możliwości,
łagodnym zadawaniem śmierci.

Dalej. Szabla taka była droga,
Gdyż do kosztów produkcji doliczano
Także i cenę niewolnika. Tylko kwiat
Rycerstwa saraceńskiego mógł temu sprostać.
A rycerstwo szło w bój i stal
Nasyconą krwistym azotem
Wsuwano do ciał wrogów i wysuwano
Z nich. To już nie były koszta produkcji.
Kolejne zabójstwa wynikały z poprzedniego
I nie chodzi o krąg zamknięty,
Tylko o niedomykalny zabójczy łańcuch.

Jak dobrze o tym pomyśleć
W czasach chaosu i turbulencji
Kiedy nic z niczego nie wynika:
Nawet krew z krwi.

Berlin, 1 IX 1982

Damascus Steel

In chaotic and turbulent times
Musing upon Damascus steel
Brings order to one's senses.

In the Middle East swords were hardened
By inserting the red-hot blade
Into chests and hearts
Of living slaves. Then the blade was removed. The blood refined it.
We can assume the slave
Would be killed for some offense anyway,
And considering other possibilities,
This was a gentle kind of killing.

And then. Such a saber was expensive
Because the production cost
Included the price of a slave. Only the cream
Of Saracen knights could afford it.
The knights went into battle, and the steel
Saturated with blood-rich nitrogen
Was inserted into the bodies of enemies, and then
Removed. No longer a production cost—
Subsequent killings followed;
This was not a closed circle,
But an open-ended murderous chain.

It is good to think about this
In chaotic and turbulent times
When nothing comes from nothing—
Even blood from blood.

Berlin, September 1, 1982

Bitwa

Co to jest, kiedy wiatraki walczą
Ze sobą. W zastygłym powietrzu
Ruszają się kwaśno śmigła
I poszum od nich taki, jakby

Odrzutowiec przelatywał. Ile jest
Wiatraków; na każdym wzgórzu
Stoi wiatrak; ile jest wzgórz; w
Każdym wiatraku utkwił osobny

Don Kichote: stado don Kichotów,
Stado wiatraków, stado wzgórz.
Odrzutowcom śmigła już zbędne,
Ale walczące ze sobą wiatraki

Czynią taki huk, jak odrzutowce.
W każdym wiatraku osobny don
Kichote kręci olbrzymią korbą
I wiatraki napadają się wzajem,

Nie ruszając z miejsca. Przypomina
To niektóre pejzaże małych
Mistrzów holenderskich, cisza
Wzgórza na ciszy, wiatraki na

Wzgórzach i nikt nie widzi,
że za każdym oszalowaniem
Siedzi ogromny opętaniec i
Zapamiętale kręci korbą:

Szybciej trochę i to on wzniesie się
Pierwszy w zabielaną ciekłość
Nieba; łzy mu kapią na korbę
Z rozczulenia. Co to jest, kiedy

Battle

What is it when windmills fight
Between themselves. Their propellers
Turn sourly in the frozen air
Making a whoosh like

A jet plane flying past. How many
Windmills—on every hill
A windmill—how many hills—in each
Windmill a different Don Quixote

is stuck—a herd of Don Quixotes,
A herd of windmills, a herd of hills.
Jet planes don't need propellers,
But the fighting windmills

Roar like jet planes.
In each windmill a different Don
Quixote winds a huge crank.
The windmills attack each other

Without moving. This
Resembles certain landscapes
By minor Dutch masters—the calm,
The hills in the calm, windmills

On the hills. And no one sees
That behind each clapboard
A giant possessed man sits and
Furiously winds the crank—

A little faster, and he too would
Take off into the blanched
Liquid sky; his pathetic
Tears drip onto the crank. What is it when

Wiatraki walczą ze sobą. Czy
Wiatraki mają własne niebo i czy
Wiatraki ulecą w to niebo, i czy
Wiatraki uniosą w ukojenie opętańców.

Windmills fight. Do windmills
Have their own sky and will
They take off into that sky and
Take all the possessed to tranquility.

O sprawiedliwości

Za złe czyny zły
Los; za dobre czyny dobry
Los; za winę kara, za
Cnotę nagroda: przeraźliwa
Symetryczność, równanie o
Samych niewiadomych, które,
Jeśli się sprawdzi, to
Biada jego duszy, bo
Płodzi martwicę płodu,
A płodne jest jak płód głodu.

Berlin, w styczniu 1975

On Justice

For bad deeds, a bad
Fate; for good deeds, a good
Fate; for crime, punishment; for
Virtue, reward: a fearful
Symmetry, an equation
Of only unknowns, which
If true, then
Woe to his soul because
It begets necrosis in the fetus,
While fecund like the fetus of hunger.

Berlin, January 1975

Liczby

Dziecko umiera: dwuletnie,
Siedmioletnie, osiemnastoletnie,
Dwudziesto, czterdziestokilkuletnie,
Siedemdziesięcio, powiedzmy,
Letnie. Zawsze: umiera
Dziecko, lata się nie liczą.
To magia liczb.

Numbers

A child is dying: two-years old,
Seven-years old, eighteen,
Twenty, forty-something,
Let us say seventy—
It is always a child
Dying, numbers don't matter.
It is just the magic of numbers.

Ognie sztuczne

1.

Mapy bywają dziełami sztuki. We wstecz
Toczącym się czasie stają się coraz
Większymi dziełami sztuki, bo są w coraz
Większej mierze niedokładne, uskrzydlone są więc
Przez wyobraźnię, opatrzone na miejscach pustych
Drapieżnikami. Było to wszelako umowne
(*Ubi leones*) i kartografowie przystosowali się
Dziś już do konwencji wierności.
I tak stali się kartografowie nie-artystami.
Żadnych drapieżników, żadnych jednorożców, żadnych potworów,
Żadnych wielomównych znaków, żadnych łez, żadnej śmierci.
A jednak mapy mogą być dziełami sztuki
Aż po przerażenie. Trzeba je tylko fałszować.

2.

Biała Europa. Bez zieleni, bez brunatności, bez błękitu.
Obrysowana twardą kreską na północy, na południu i na
    zachodzie;
Na wschodzie rozmazana. Naniesiono jedynie
Dwie rzeki, dwa znaki przestankowe, postawione
Na głowie: pytajnik Wisłę i wykrzyknik
Ren. I naniesiono fałszywe nazwy:
Pytajnik oznaczono jako Ren, wykrzyknik jako
Wisłę. Wszystko to czernią. Tuszem chińskim.
Wszystko w niebyłym języku; sakralne; niepojęte.

Fireworks

1.

Maps can be works of art. As time
Flows back, they become even
Greater works of art; becoming more
And more imprecise, they fly on the wings
Of imagination and fill their blank spaces
With predators. This was the convention
(*Ubi leones*) and today cartographers
Have adopted the convention of accuracy.
Thus cartographers have become non-artists.
No predators, no unicorns, no monsters,
No eloquent symbols, no tears, no death.
Still some maps are works of art
To the point of horror—falsification does the trick.

2.

White Europe. No green, no brown, no blue.
Sharp edges on the North, South and West;
Blurry on the East. With only two rivers
Shown as two upside down
Punctuation marks: the Vistula a question mark; the Rhine
An exclamation point. With wrong names:
The question mark is named the Rhine, the exclamation
Point the Vistula. All in black. In China ink.
In a nonexistent tongue. Sacramental. Incomprehensible.

3.

Żadnej Lorelei; żadnych warowni; żadnego smoka
W jamie wzgórza wawelskiego. Uwierzono by nieomal mapie
Z dwiema rzekami, że wszystko zastygło bezbarwnie.
Lecz jest to czernią, a czerń jest jadem, nagromadzonym
Płynnie po rzekach. Nagle dwoje anielskich dziewcząt
Zostaje wrysowanych w mapę; niewidzialna ręka
Każe im u źródeł bawić się zapałkami.
Źródła są ciemne jak i cała reszta, i oba te
Ciemne źródła zostają przeszyte przez dwa dziecinne ognie,
Aby jady prądów rozżarzyć i rozpłomienić
Aż po ujścia. A gdzie uchodzą ujścia?
W białym Morzu Północnym jako Wisła oznaczonego Renu;
W białym Morzu bałtyckim jako Ren oznaczonej Wisły;
Palce niebiańskich dziewcząt są oparzone, dziewczęta
Krzyczą na mapie i ulatniają się w dymie
Pałających jadów.

4.

Czas został na mapie
Zniweczony; nie toczy się już po białej Europie
Wstecz, nie przepycha się do przodu,
Przemienił się w ustawiczne sztuczne ognie. Nadal
Żadnych drapieżników, żadnych jednorożców, żadnych
    potworów,
Żadnych łez; śmierć pozorna, bo ona bądź co bądź
Jest dziełem sztuki, ona jest nim, ta mapa
Z dwiema rzekami, niedokładna, gdyż powstała
Bez kartografów, z wyobraźni i jadów.

Berlin, w maju 1984

3.

No Lorelei. No castles. No dragon
In the cave below the Wawel. It's almost believable that on
This map with two rivers everything had frozen colorless.
But it is all black and the black is liquid venom
Collected from the rivers. Suddenly two angelic girls
Are sketched onto the map; an invisible hand
Has them play with matches at the springs.
The springs are dark like all the rest, and two
Children's fires pierce through both dark springs
To kindle and inflame the venomous currents
All the way to the rivers' mouths. But where do these mouths open?
The Rhine marked Vistula into the white North Sea;
The Vistula marked Rhine into the white Baltic Sea;
The fingers of the heavenly girls are singed, the girls
Scream on the map and vanish in the smoke
Of burning venom.

4.

Time has been annihilated
On the map; it no longer flows
Back over white Europe or pushes forward,
But has transformed into continuous fireworks. Still
No predators, unicorns, or monsters.
No tears; yet it is a pretend death because the map
With its two rivers is a work of art,
Imprecise because it was created without
Cartographers, from imagination and venom.

Berlin, May 1984

Teoryjka

muzyka jana sebastiana bacha przystępniejsza
jest niżeli

na organach gra się nie
mając żadnego wpływu na

muzyka wolfganga amadeusza mozarta
ponieważ równowaga olimpijska

podmuch i dygotanie chociaż
się podmuch i dygotanie

nie wymaga takiej dojrzałości
co tragizm czas równowagi jest

wywołuje palce osobno klawisze
i pedały osobno osobno

pozorny i rozpościera się równomiernie
we wszystkich kierunkach dążąc do nieskończoności

miechy i piszczałki podejrzliwość
podejrzliwość wobec siebie i mechanizmu

to rzecz dla niecierpliwości młodych lat
czas tragedii jest rzeczywisty

niepewność wobec siebie i
mechanizmu pozwala przy wprawie

i skupia się na małej przestrzeni
dążąc do zera to rzecz

A Little Theory

the music of johann sebastian bach is more
accessible than

when playing the organ one does not
control

the music of wolfgang amadeus mozart
because olympian equilibrium

the blowing and trembling even if
one produces the blowing and

does not require as much maturity
as tragedy the time of equilibrium is

trembling the fingers are independent the keys
are independent as well as the pedals

illusory and spread evenly
in all directions approximating infinity

bellows and pipes doubt
self doubt and doubt of the organ

something for the impatience of youth
while the time of tragedy is actual

insecurity towards oneself and
the organ allows one experienced

concentrates within a small space
approximating zero this is proper

w używaniu podejrzliwości
i niepewności na ścisłe

dla późnych lat i cierpienia
nadto bach umarł w wieku

podeszłym mozart u progu drugiej młodości
organizowanie podmuchu i dygotania

in using doubt
and uncertainty to precisely

for the final years and suffering
besides bach died at an advanced

age mozart died at the brink of his second youth
organize the blowing and trembling.

Efekt Dopplera

U okna stoi radio i wyrzuca z siebie stereofonicznie,
W sztuczności stereofonicznie, kwartet smyczkowy Schuberta.
Znienacka mówię do stojącej obok kobiety
–: A cóż to za wspaniały altowiolinista. –

Kobieta jest szczupła, wyschnięta, ma w ręku futerał,
Przypominający zniekształconą ósemkę, czarny.
Mówi –: Ach, nie, już lepsze są flażolety od tej gładkiej
    kantyleny. –
Myślę –: Dlaczego flażolety są lepsze od altowiolinisty,

Co mają flażolety (flażolety w ogóle) do tego konkretnego
Altowiolinisty? – Myślę, ale nie mówię nic. Ona zaś
–: Flażolety są rwane i ostre, więc lepsze od szerokiej
    kantyleny. –
Otwiera zniekształconą ósemkę i wyjmuje skrzypce i smyczek.

Gra i słyszę, że to nie sztuczna stereofonia: naturalna,
Ponieważ pudło rezonansowe skrzypiec jakby się rozrasta
Na całe zastawione sprzętami pomieszczenie. Gra Paganiniego;
Wszystko jedno co. Glissanda, staccata i nadużywanie struny G.

Gra bardzo biegle i bardzo głośno, więc ja podkręcam radio
I dzieje się kto kogo, natura czy sztuczność, ścierają się
Smyczkami w różnych rytmach i tonacjach, i w dysonansach
Dwa żywioły romantyzmu w ogłuszającym kwiczeniu,

Choć każdy z osobna mógłby być śpiewem ptaków.
Radio jest nieruchome, ona bierze coraz większy rozmach
I wyczuwam, że kręgosłup jej kostnie sztywnieje.

The Doppler Effect

A radio near the window blasts in stereo,
A string quartet by Schubert, a fake stereo.
Suddenly I say to the woman next to me,
"What a wonderful violist."

The woman is slender, bony, holds a case in her hand
Resembling a disfigured eight, a black case.
She says, "Not really, harmonics are better than this smooth
    cantilena."
I think, "Why are harmonics better than this violist,

What do harmonics (per se) have to do with this
Particular violist?" I think this but say nothing. She,
"Harmonics are sharp and detached, so much better
Than an expansive cantilena." She opens her disfigured eight

And takes out a violin and bow. She plays and I hear real
Stereo, not fake, as though the sound box expands to fill
The entire jam-packed room. She plays a thing by Paganini,
Doesn't matter what. Glissandos, staccato, and the overused
    G-string.

She plays skillfully and very loud, so I turn up the radio,
And who's on top—nature and artifice duel with bows
In different rhythms, keys, and dissonances—
Two romantic elements in a deafening squeal,

On their own, each would sing like a bird.
The radio is static. She bows more and more frantically,
And I feel her backbone stiffen.

Z nagła zamykam radio. Jednocześnie pęka jej smyczek,
Tak, że do kakofonii nie miesza się dochodzący zza okna
Przeraźliwy sygnał rozpędzonej karetki pogotowia.
                                        Efekt Dopplera.

Berlin, 18-stego stycznia 1985 r.

Suddenly I turn off the radio, her bow breaks,
Thus the earsplitting ambulance siren outside the window
Adds nothing to the cacophony.
The Doppler effect.

Berlin, January 18, 1985

Łączniki

W pewnych utworach muzyki dawniejszej
(Zwłaszcza w formie sonatowej) pojawiają się
Zespoły miar, motywy (jak to
Nazwać?), sprzęgające przeciwstawne sobie
Całości tematyczne. Dokonuje się w nich
I wytwarza (najpierw dokonuje, potem wytwarza)
Ssący proces pieczołowitości kompozytorskiej i
Tam właśnie okazywała się pomysłowość
I doskonałość rzemiosła. W samym utworze
Cząstki te bywają mało istotne, ale

Jeśli pojawiają się przypadkiem jako temat
Główny w innym utworze, przewyższają
Doskonałością wszystko, co ongiś
Wyrażono w zespalanych przez nie
Tematach głównych. Jednakże: baczność, w tej
Nowej roli stykają się na krańcach
Wyczerpania z łącznikami świeżo obmyślonymi:
Popadają w stan zagrożenia, te
Techniczne wybiegi bowiem są niepospolicie
Naładowane ochotą godzenia,
Pośredniczenia, bo ja wiem:
                po–
Rozumienia, miłosierdzia?

Bridges

In certain works of older music
(Especially the sonata form) groups
Of measures or motives (what
Should we call them?) serve to bridge
Contrasting themes. The poignant
Process of the composer's loving care
Is initiated and realized there.
(First initiated and then realized) and they
Showcase his inventiveness and craft.
In the original these sections are
Inconsequential, but

If by chance they appear as principal
Themes in another piece, they surpass
In excellence anything expressed earlier
In the themes they bridged. Yet—pay attention—
In this new role, at the verge of exhaustion
They encounter newly devised bridges,
And are endangered
For these technical subterfuges are uncommonly
Charged with the desire for conciliation,
Mediation, or shall we say,
                              com–
Promise? Or compassion?

Przemytnik

Karolowi

Johannes Brahms dokonał transkrypcji
Chiaconny Bacha, przeniósł ją z czterech
Strun skrzypcowych na dwieście
Osiem strun fortepianu, z jelit
Na metal, w zimny pianistyczny
Odlew orkiestry i na lewą rękę:
Prawa, dzierżąca u skrzypka smyczek,
Zwisa bezwładnie u pianisty.
I to brzmienie: bardziej zróżnicowane, choć
W głównym zarysie nie różnorodne.
Wartości nut zostały, zapis się zmienił,
Interwały tożsame. Ostrożnie z pedałem.

To przemytnik i geometra
Przeniósł tobół z nutami
Z punktu A do punktu B.
W punkcie B kupcy płacą za zapis
Nutowy inną monetą, odmiennym pobrzękiem.
Na pograniczu był obszar ciemności: nie
Dla skrzypka i nie dla pianisty, i
Nie dla Bacha; dla Brahmsa: zanim
Dotarł do klawiatury, ujadał upiór
Na granicznych przełęczach.

Tony te same. Inne alikwoty.
Inna budowa dźwięku się otwiera,
Inaczej działa wzrok i słuch, i dotyk.

Inny materiał, inna inżynieria.
Nuty te same i podobny motyw:
Ta sama sfera. Całkiem różna sfera.

The Smuggler

to Karol

Johannes Brahms transcribed
Bach's *Chaconne*, transposing it from four
Violin strings to two hundred
And eight piano strings, from gut
To metal; to the cold, pianistic
Cast of an orchestra, and to the left hand.
The right hand, the violinist's bow arm,
Hangs passively with the pianist.
And the sound is richer, although
The general outline does not diverge.
The same values, the notation changed.
The intervals are identical. Use the pedal sparingly.

The smuggler–surveyor
Carried the sack of notes
From point A to point B.
Brokers pay for musical notation at point B
With different coins, a different jingle.
At the border a zone of darkness: not for
The violinist, not for the pianist,
Not for Bach, but for Brahms—before
He reached the keyboard, a ghoul howled
At the border pass.

The same sounds. Altered stringing
Opens a wholly new sound design.
A new effect on sight, touch, and hearing.

Other components and construction combine.
Identical notes and themes playing—
The same realm. Yet another realm.

Ręka boża

Ciało z marmuru trzyma między
Palcami glinę z marmuru. Ukształtowane
Ciało z marmuru kształtuje nieu–
Kształtowaną jeszcze glinę z marmuru
(Znać ślady palców) I ta glina z
Marmuru napiętnowana jest
Zarysami ludzkiej głowy z gliny.
Marmur jest biały, ciało jest blade
I lepiona glina jest blada. Place
Boże są smukłe i mocne, i przy–
Pominają place pianisty. Dłoń
Boża wyłania się pionowo zza słabo
Obrobionej bryły marmuru, będącej
Marmurem i zarazem zwartą
Otchłanią.   Tak to rzeźbiarz ukształtował
Garść Stworzyciela na podobieństwo
Garści własnej. Zrobił swoje, spoglądając
W zwierciadło i na własną kończynę
Wprost, autoportret cząstkowy; ponieważ
Część jest równa całości; ponieważ
Pycha jest bliska miłości; ponieważ
Obie są rodne.

Paryż, 10 września 1974

God's Hand

The marble body holds marble clay
Between its fingers. The sculpted
Marble body sculpts the still un-
Sculpted marble clay (fingerprints
Still visible) and the clay is marked with
The outline of a clay human head.
The marble is white, the body is pale
And the worked clay is pale. God's
Fingers are slender and strong and re-
Semble the fingers of a pianist. The hand
Of God emerges upright from the barely
Worked block of marble that is
Both marble and a compact
Abyss.
      This is how the sculptor shaped
The Creator's palm in the image of
His own palm. He did so by looking
Into a mirror directly at his own
Limb—a partial self-portrait. Because
A part is equal to the whole; because
Hubris is close to love; because
Both are fertile.

Paris, September 10, 1974

Stara kobieta tańczy na grobie rodziców

Przygrywają jej do tego organy elektryczne :
Same: widać bezręko wtłaczane klawisze; płasko
Bo instrument ma płaski ton; szybko, bo
Stara kobiera tańczy szybko.
                        Grób jej rodziców jest
Rozległy, poletko właściwie, bez roślin,
Z drewnianymi lichtarzami o wielkości
Krzyżów na rozstajach; w nich świece małe,
Choinkowe. Więc stara kobieta tańczy na
Poletku między lichtarzami, świece płoną,
Słońce świeci, lekki gruz i mała gruda, ona
Zaś jest bez ubrania i ze szkła i w tym szkle
Prześwituje złoty wosk.
                      –: Skąd wiesz, że to poletko
Jest grobem twoich rodziców? Sama
Grzebałaś? –: Nie grzebałam. Tańczę. –: W jakim
Kraju leży to poletko? We Francji, w Hiszpanii,
W Polsce? –: To poletko jest na mapie; nie
Wiem; jest w Ziemi Ognistej. Tańczę. –: Gdzie
Tańczysz? Na Bałtyku, na Morzu Śródziemnym,
Na Czerwonym? –: Na Oceanie Lodowatym
Północnym; blisko bieguna; na poletku. –: Czy w
Polsce jest poletko? –: Nie wiem; jest gruda,
Jest słońce, są lichtarze; tańczę. –: Skąd wiesz
Że to jest grób? –: Tańczę.
                          Bezręko tłoczone klawisze
Organów elektrycznych stłaczają się bezręko coraz
Głębiej, ruchliwość ich staje się coraz bardziej
Zgiełkliwa, ton instrumentu wyższy: to nitki pisku
Oplatujące płomienie świec. Stara kobieta tańczy
Na grobie rodziców, przeźroczysta; w jej naczyniach
Wieńcowych ciekne zwiędły miód.
                        –: Jak leży
Twoja matka? –: Głowę ma u północy, stopy u

An Old Woman Dances on Her Parents' Grave

She is accompanied by an electric organ—
It plays itself—keys pressed without fingers—flat,
Because the pitch is flat—fast, because
The old woman dances fast.
                          Her parents' grave is
Spacious, actually a small bare field,
With wooden candlesticks, big
As crossroad crosses—with little Christmas tree
Candles. And the old woman dances in
The field between the candlesticks. The candles burn,
The sun blazes amid bits of dross and dirt clods—while
She is naked, made of glass through which
The golden wax shines.
                        — How do you know this field
Is your parents' grave? Did you bury them
Yourself? — I did not. I am dancing. — What
Country is this field in? France, Spain,
Poland? — The field is on the map, I
don't know, maybe Tierra del Fuego. I am dancing. — Where
Are you dancing? On the Baltic, the Mediterranean,
The Red Sea? — On the Northern Arctic Ocean
Near the Pole, in a field. — Does
Poland have a field? — I don't know, it has dirt,
Sun, candlesticks, I am dancing. — How
Do you know this is a grave? — I am dancing.
                                        The keys pressed
Without fingers on the organ go in deeper and deeper
Without fingers, their movements become more and more
Noisy, the pitch of the instrument higher, the squeaking strands
Coil around the candle flames. The old woman dances
On her parents' grave, translucent. Her coronary arteries
Trickle with wilted honey.
                          — How does your mother
Lie? Head facing north, feet facing

Południe. Tańczę. –: Jak leży twój ojciec? –: Stopy
Ma u północy, głowę u południa. Tańczę.
–: Czy byli przeźroczyści za życia? –: Nie znałam
Ich, nie grzebałam. –: Czy chcesz leżeć w tym
Samym grobie? W Ziemi Ognistej? Pod Cieśniną
Beringa, na Mazowszu? –: Nie umrę nigdy. Będę tańczyć
Dopóki świec i lichtarzy, dopóki prądu
Starczy organom i morzom, i lądom.

South. I am dancing—How does your father lie? Feet
Facing north, head facing south. I am dancing.
— Were they translucent while alive? — I did not know
Them, did not bury them. — Would you like to lie in the same
Grave? In Tierra del Fuego? Near the Bering Strait?
In Mazovia? — I will never die. I will dance
Long as there are candles and candlesticks, long as electricity
Powers the organs, oceans, and the land.

Nie ma raju

Powiadają ogród; ale także: ogród
Niewinności; i dalej: ogród
Rozkoszy (zobacz: Bosch). W przekazach
Nie tyle jest geograficznie, co czasowo
Umiejscowiony: jest przeszłością
Zaginioną, zagubioną przez winę i tym samym
Także i miejscem pierwszego przewinienia.
Do ogrodu rajskiego powrót bywa
Tylko we śnie, w urojeniu,
W urojonych rojowiskach. Wyklucza się
Przy tym teraźniejszość i przyszłość.

Człowiek wierzący nie może w powrót
Do tego ogrodu wierzyć. Wierzy
Bowiem w niebo i piekło. Jeśli
Mocniej jeszcze wierzy, to wierzy w
Ciał zmartwychwstanie, czyli w wiekuisty
Pobyt ciała i duszy w niebie
(Piekło gwoli ostrożności wystawiamy
Za nawias). Cóż jednak dzieje się w niebie
Z duchem? Czy być szczęśliwym
Znaczy: zatracić ducha?

Wystawmy także i ducha chwilowo
I z ostrożności za nawias.
Będzie nam później potrzebny,
Nie teraz jednak, kiedy się przygotowujemy
Do przekroczenia progu nierzeczywistości.

I oto mamy: próg,
Nierzeczywistość; stan, gdzie
Trzy wymiary czasu zdają się
Stapiać, tygiel, gdzie
Przeszłość, teraźniejszość i przyszłość

No Paradise

People say the garden, also the garden of
Innocence, and moreover the garden of
Delight (cf. Bosch). Sources
Locate it not so much geographically
As temporally: it is a vanished
Past, lost because of sin, hence
Also the site of the first transgression.
A return to paradise takes place
Only in dreams, in a delusion,
In delusions' deluges. It excludes
The present and the future.

Believers cannot believe in a return
To this garden. Because they believe
In heaven and hell. If their beliefs
Are even stronger, they also believe
In bodily resurrection, i.e. the eternal
Dwelling of body and soul in heaven.
(However hell, out of cautiousness, is
Out of the equation.) But what happens to the soul
In heaven? Does being happy
Mean losing the soul?

Let us also take the soul, temporarily
And out of cautiousness, out of the equation.
We will need it later,
But not now, as we prepare
To cross the threshold into the unreal

Here we are: the threshold,
The unreal—a state where
The three dimensions of time seem
To blend, a cauldron where
The past, present, and future

(I wiele innych czasów i niby-czasów)
Rozgrywają między sobą bitwę
W napiętym skurczu jedno –
Czesności, czyli: nacisk równoczesności na
Czasy ciała i duszy to szczęśliwość, niebo i miłość.

Nie ma więc raju, nie ma złotego wieku, który
(Zobacz: Owidiusz) zasiany został pierwszy.
Z ogrodu rajskiego było
Wyjście: wygnanie. Niebo,
Miłość, szczęśliwość są bezwyjściowe. Są
Stale trwająca katastrofą, gdzie
Niemożliwe jest przewinienie i gdzie
Katastrofa tkwi nieustannie
W nierzeczywistości.
                        My wszakże możemy
Rozpoznać (jeśli już jesteśmy ludźmi
Wierzącymi): nierzeczywistość to łoskot,
Katastrofa to napięcie. Łoskot
Napięcia, ciekawość łoskotu, napięcie
Ciekawości: to nie raj, nie niewinność;
To zmartwychwstanie ducha,
Przekroczenie drugiego progu,
Jeśli się uwierzyło w pierwszy.

Berlin 1976

(As well as many other times and quasi-times)
Wage a battle with each other
In a tense seizure of con-
Currence thus happiness, heaven, and love
Lie in this concurrence pressing the times of body and soul.

So there is no paradise, no golden age
(See Ovid) that was planted first.
From paradise there was
An exit—an expulsion. Heaven,
Love, and happiness have no exits. They are
A constant disaster where
Transgression is impossible and
Disaster sits permanently
In the unreal.
     Yet we
Recognize (if we are religious
People): the unreal is thunder,
Disaster is tension. The thunder
Of tension, the curiosity of thunder, the tension
Of curiosity—this is not paradise and not innocence.
This is the resurrection of the soul,
The crossing of the second threshold—
Once you come to believe in the first.

Berlin, 1976

Podróż służbowa

Przerażające w podróży służbowej są
Nie migoczące za oknami rozpędzonego
Pociągu grusze i jabłonie (całe w kwiatach
Lub owocach), nie krowy i konie (całe
W mleku lub kłębach), nie lodowiska i
Pożary (całe w barwach), nie miasta
I ruiny (całe jako miasta i całe jako
Ruiny); nawet ludzie nie są
Przerażający, choć przerażenie wytwarzają.

Przerażający jest przymus dedukcji.
Podróż służbowa polega bowiem na
Dodawaniu różnorodności.

Dwie jabłonie plus dwie
Grusze to cztery drzewa. Dwa konie
Plus dwie krowy to cztery zwierzęta.
Dwa drzewa plus dwa zwierzęta to
Cztery istoty żyjące Dwie róże i
Dwie ruiny to cztery przedmioty.

I nie wolno w podróży służbowej
Zasadzać róż na ruinach, bo wtedy
Róże się rozplenią i nie będzie już
Dwa, i nie będzie już plus, i po raz
Drugi już dwa nie będzie i już
Nie będzie cztery: pociąg się wykolei;
Nastąpi katastrofa kolejowa; podróż się podrze.

Berlin, 1-ego lutego 1976

Business Trip

What is terrifying about a business trip is not
Pear and apple trees (in bloom
Or in fruit) flashing by the windows
Of the speeding train, or cows and horses
(Milk or withers) or ice rinks and
Fire (so colorful) or towns
And ruins (intact towns and intact
Ruins): even people are not terrifying
Although they produce terror.

What is terrifying is the urge to calculate—
Because a business trip consists of
Adding diversities.

Two apple trees plus two
Pear trees equals four trees. Two horses
Plus two cows equals four animals.
Two trees plus two animals equals
Four living creatures. Two roses plus
Two ruins equals four objects.

On a business trip you cannot
Plant roses on ruins because the
Roses will take over and will no longer be
Two, no longer be plus, never
Again two, and no longer four: the train
Will derail: the cars will crack up, and
The trip rip apart.

Berlin, February 1, 1976

Bajka

Możny zasiadł.
Siedział mocno i posadził
Po prawej rozrosłą
Babę. Będzie
Czyniła honory,
Porozlewa siwuchy.
że stara jest,
To z trumny rodzi.

Berlin, 28 lipca 1977. (Sen)

Fairy Tale

The mighty one took his seat.
He sat down heavily, and to his right
He sat his massive
Woman. She
Will do the honors.
She will pour the vodka.
She is so old
That she gives birth in a coffin.

Berlin, July 28, 1977 (a dream)

Samobójcom

Empedokles, powiadają, rzucił się
W krater Etny, a przedtem zapisał, co
W okaleczałym zdaniu czytamy, myśl
O samotnej, ślepookiej nocy.
                        Ale także
Napisał, że morze jest potem ziemi.
I także: Byłem już chłopcem, dziewczyną,
Rośliną, ptakiem i oniemiałą,
Szukającą wodnych topieli rybą. Można
Również przeczytać zdanie, że oto
Dotarliśmy do tej dobrze przemyślanej
Jamy. A cóż to znaczy: my? My to kto?
My wszyscy, czy my wybrani? I któż
Jamę dobrze przemyślał? Czy jama to
Krater Etny? Czy ślepooka noc?
                               Noc
Jest ślepa; nie: noc jest ślepa; jej
Oczy są ślepe. Czy jama to śmierć, czy
Śmierć to noc, czy noc to wnętrzności
Etny?
        Albo rozbłyskane jezioro
W Europie Środkowej, gdzie
Chłopiec, bo ciągle chłopiec i
Dziewczyna, bo ciągle dziewczyna, i
Konno, i pistolet epoki wojen
Napoleońskich, i z chłopca strzeliło
Powłóczyste zdanie: Teraz, o wieczności,
Należę do ciebie bez reszty. Czy wieczność
To jama, którą chłopiec zawczasu
Pomyślał i przemyślał?
                      A nieodmiennie to
Poeci: zostanie po nas złom, drwiący
Śmiech. Czy śmiech jest kraterem
Etny? Czy też Sekwana, gdzie Żyd się

For the Suicides

Empedocles is said to have thrown himself
Into Mount Aetna's crater, but beforehand he jotted down
A thought we can read in an incomplete sentence
About the solitary blind-eyed night.
                                        He also
Wrote that the sea is the earth's sweat,
As well as: I already was a boy, a girl,
A plant, a bird, and a dumb
Fish seeking deep water. We also
Find a sentence that says we've finally
Reached this well thought out
Cave. But what does "we" mean? Who are we?
All of us, or the chosen? And who
Considered the cave thoroughly? Is the cave
Mount Aetna's crater? Or the blind-eyed night?
                                                The night
Is blind-eyed; no—the night is blind; its
Eyes are blind. Is the cave death, is
Death the cave, is night Mount Aetna's
Guts?
        Or take the glimmering lake
In Central Europe and
The boy (still a boy) and
The girl (still a girl); and
They ride, and there is a pistol from the time
Of the Napoleonic wars, and the boy shoots
This seductive sentence: Now eternity,
I am entirely yours. Is eternity
The cave that the boy thought up
In advance and thoroughly considered?
                                    But they are invariably
Poets—we will leave behind iron scraps and sneering
Laughter. Is laughter Mount Aetna's crater?
Or the Seine in which the Jew

Utopił, napisawszy przedtem: zacieśnienie,
Czyli stretto przed samym finałem
Fugi, czyli gonitwy (ucieczki)?

Tak: dziwnie to nam zostało w kulturze.
Cytat: abyś zachował to w twojej
Niemej piersi. A oto jama: bezsłowny
Krater sycylijskiego wulkanu liczy
Ludzi, a doliczyć się ich nie da.

Grudzień 1978

(Cytaty z Empedoklesa, Kleista, Borowskiego i Celana)

Drowned having written beforehand—the narrowing
Or stretto before the end
Of a fugue, that is, a chase (or escape)?

Yes—strangely this remains in our culture,
A quotation for you to keep in your
Dumb breast. Here the cave—the wordless
Crater of the Sicilian volcano counts
People, and they are impossible to count.

December 1978

(Quotations from Empedocles, von Kleist, Borowski, and Celan.)

Monolog
Wolfganga Amadeusza Mozarta
(1756-1791)

wygłoszony w Wiedniu w roku 1844, w obecności pewnego młodego człowieka, który rzecz skrzętnie notował, później wszelako rękopis zawieruszył. Odnaleziono ten rękopis w roku 1888, kiedy młodzieniec umarł i kiedy obowiązująca za życia Mozarta w fizyce teoria eteru obalona została przez doświadczenie Michelsona. Co do autentyczności zapisu toczyły się wśród rzeczoznawców długie spory i dopiero teraz postanowiono udostępnić go niewtajemniczonym; inaczej: gawiedzi dla uciechy.

Piotrowi Lachmannowi

1.

Śmierć jest wielka i wymienna. Wymienna tak,
Jak się wymienia pieniądze u bankiera.
W czasie zarazy ktoś wniósł do naszego mieszkania
Zwłoki, a kiedy sługi stołeczne weszły, aby
Zwłoki zabrać, ukryłem się w kuchni i tak
Zabrano Niemozarta i pochowano go w wielkim
Bezimiennym grobie. Potem widziałem z
(Słowo nieczytelne), jak stawiano mi pomniki,
A nie wiedziano komu i wtedy przypomniałem
Sobie, że za życia fałszywego Mozarta pisano
O mnie, iż jestem muzykantem z przedmieścia.

Co robiłem, kiedy pisano? Pracowałem wiele i
Gorączkowo, i głównie starałem się nadać
Formom sens odwrotny, bo człowiek jest
Ciemny w środku. Wszystko jasne na powierzchni
Stawało się, gdy stawiałem nuty, infernalne
W ciemnoczerwonych, zrytmizowanych płomieniach.
Na rzeczach smutnych rozdzierałem zasłony,

A Monologue
by Wolfgang Amadeus Mozart
(1756-1791)

Delivered in Vienna in 1844 with a young man present who transcribed it scrupulously, but later lost the manuscript. It was rediscovered in 1888 after the young man died, after Michelson's experiment had disproved the ether theory that had been dominant in physics during Mozart's lifetime. For a long time the authenticity of this manuscript has been disputed by the experts, and only now it is being published for the uninitiated, or rather for the entertainment of the masses.

For Piotr Lachmann

1.

Death is great and exchangeable. Just like
Money is exchanged at the bank.
During the plague somebody brought a corpse
To our apartment, and when the municipal services came to
Retrieve it, I hid in the kitchen. This is how
They took UnMozart and buried him in a large
Unmarked grave. Later from [illegible] I saw
Monuments erected to me, yet they did not realize
Whose monuments they really were, and then I recalled
That during the fake Mozart's lifetime they wrote
That I was merely a provincial musician.

What was I doing when they wrote this? I was working
Hard and frantically, mainly trying to give forms
Opposite content because man is dark inside.
As I wrote my scores, everything that was bright
On the outside turned infernal into rhythmic
Crimson flames. I ripped apart the veils of sad things
To reveal the bloodied body that is the essence

Aby ukazać skrwawione ciało, czyli istotę
Rzeczy. Dla śpiewaków składałem muzykę tak, żeby
Mieli uciechę ze śpiewania i okazali swój
Kunszt. I śpiewali coś odwrotnego, niż myśleli,
Że śpiewają, bo było piekielne i (rąbek kartki
Udarty) pod niebiosy. Klaskano za wirtuozerię
Od której zawsze byłem daleki. Klaskano, pisano.

To iluminacja! Marginesy złociste! Błękit!
Nie: czerń! Co za szatańska robota! Miłosne
Moje listy młodzieńcze! A tu, na pergaminie,
Mnisią zapobiegliwością: diabeł nad diabłem rozkraczony
I w każdym diable czeluść: czynna, naczynie
Nieczystości. To nie o mnie pisano, to ja pisałem
I nie wiedziałem, co piszę, a teraz wiem:
Czerń i złoto ciekną z pergaminów w dół,
Do innej czeluści: demoniczne podziemne fekalia.

Takie były początki. Później do tego wrócę.

2.

Żyłem czterdzieści i cztery lata w ubiegłym
Stuleciu, a w dziewiętnastym przeżyłem już
Czterdzieści i cztery lata. Wymieniłem śmierć
Na osiemdziesiąt osiem lat; jak długo jeszcze
Będzie brzęczała ta wymiana? Chowano za mego
życia (przekreślone; poprawiono: panowania) wielu
Niebylejakich, czytałem o tym, chodziłem
Na te pogrzeby. O moim pogrzebie nikt nie będzie
Pisał, ponieważ nie zameldowałem na policji
Miejsca mego zamieszkania i nikt mnie nie zna
Pod (nieczytelne) nazwiskiem. Żyję z żebraniny.
Najpierw ogłuchłem jak Beethoven, potem
Oślepłem jak Bach i święty Franciszek.

Of things. I composed music for singers so that they
Had fun singing and displaying their art. And what
They sang was opposite to what they thought
They were singing because it was from hell and [missing
Page fragment] unto heaven. They were applauded
For their virtuosity that I never cared for.
It was applauded and reviewed.

This is an illumination! Gilded margins! Azure!
No, black! What a devilish work! My youthful
Love letters! While here, on the vellum,
With a monk's foresight: one devil straddles another,
And in each devil a fissure: a functioning fount of
Filth. This was not written about me—I wrote it
Without knowing what I was writing. Now I know:
From the vellum into a different fissure
The black and gold seeps: daemonic subterranean feces.

This was the beginning. I shall return to this later.

2.

In the preceding century I lived for two score and
Four years, and then in the nineteenth century I have already
Lived for two score and four years. I traded my death
For eighty eight years; how much longer
Will this exchange ring true? During my
Lifetime [crossed out, corrected to reign] many
Personalities were buried. I read about them and went to their
Funerals. No one will write about my funeral
Because I did not register my place of residence
With the police, and nobody knows me
Under the name [illegible]. I live from begging.
First I became deaf like Beethoven, then I became
Blind like Bach and St. Francis.

Siedzę na schodach kościoła i czuję, jak dygocą od
Muzyki mury i kamienie; czasem poznaję
Własną muzykę i nawet własne Requiem.
Dochodzą mnie zapachy kadzideł i perfum strojnych
Pań, kiedy w ustach mam smak czerstwego
Chleba. Zbiera mi się w ustach (nieczytelne),
Zbiera mi się na (urwany strzęp papieru).

Nuty stawiam na dotyk i pod palcami rozgrzewa
Się tabliczka woskowa. Ten złoty zapach! Spiętrzenie
Tablic! Spokój w piwnicy bez światła i dźwięku!
Odejście kłamstw! Starcza czystość na wargach i
Na podniebieniu! Podniebna muzyka na opuszkach,
Gdzie sensy zostały przywrócone formie! Drabiny
Jakubowe pięciolinii! I kto to odcyfruje? Kto cyfrom
Przywróci prawość, w obliczu mnie (przekreślone; poprawione:
Mozarta), którym kiedyś, za życia fałszywego Mozarta,
Kazał rzucać kośćmi, aby udawały się walce?

    3.

Teraz wracam do przerwanego wątku. Pamiętam
List: Bądź tymczasem zdrowa, ach *ryć* Moja pali mnie
Jak ogień! cóżby to znaczyć mogło! – czyżby *gówno*
Chciało wyjść? – tak, tak, *gówno*, j a ciebie znam –
Ja cię widzę i smakuję ciebie –
I – cóż to? – czy to możliwe! – bogowie! – *ucho* Moje
Czy mnie oszukujesz? – Nie, to już tak
Jest – jaki to przeciągły, smutny ton! – Pamiętam
Li (plama), pamiętam li (plama), pamiętam li (plama).

Pamiętam wszystkie nuty wryte w tablice; te przeciągłe
Tony wynikłe z drewienka do wosku; z drewienka
Już, nie skądinąd i są to glissanda dążące z wosku
W górę, przebijające (zamazane, wieloznaczne, nie każdy

I sit on the church steps and feel its walls and stones
Vibrate with music; sometimes I recognize
My music and even my own Requiem.
I smell the incense and perfumes of elegant
Ladies while having in my mouth the taste of stale
Bread. My mouth is filled with the taste [illegible].
I am about to [missing page fragment].

I set music by touch and the wax tablet
Warms under my fingers. Oh, that golden smell!
The piled-up tablets! Peace in the quiet and dark basement!
The lies left! An old man's purity is on my lips and
Palate! Heavenly music sits on my fingertips
Where form regained meaning! Jacob's ladders
Of staves! Who will decipher them? Who will restore
The honesty in numbers acknowledging me [crossed out,
Corrected to Mozart], who once in the time of false Mozart
ordered dice to be thrown to make up the waltzes?

3.

Now let's turn back to my interrupted thought. I remember
My letter: In the meantime stay well, whoa, this *ass* of Mine
Burns like fire! What on earth is the meaning of this!—maybe *shit*
Wants to come out?—yes, yes, *shit*, I know you,
see you, taste you—
And—what's this—is it possible? Ye gods!—Oh *ear* of Mine,
Are you deceiving me?—No, it's true—
What a long and melancholy sound!—I remember
Li- [ink blot] I remember li- [ink blot] I remember li- [ink blot].

I remember all the notes engraved into the tablets; those sustained
Tones going from stick to wax, just from the stick,
Not from elsewhere; they are trembling glissandos ascending
From the wax, piercing [blurred, vague, not all meanings

Sens przydatny) pułap piwnicy i ja już w tej piwnicy
Żebrając umrę na (reszta rękopisu przepadła).

Berlin, zaczęte w lutym 1980 r. w szpitalu, zakończone w kwietniu tegoż roku przy własnym biurku.

PS. W tekście znajduje się fragment listu Mozarta do kuzynki Marii Anny Thekli Mozart w Augsburgu, napisanego 5-go listopada 1777 r. w Mannheimie.

Useful] the basement ceiling, and I will die
Begging in that basement of [the rest of the manuscript went missing].

Berlin, started in the hospital in February 1980, finished in April of that year at my desk.

P.S. The text includes a fragment of Mozart's letter written in Mannheim on November 5, 1777 to his cousin Maria Anna Thecla Mozart in Augsburg.

Ludzie różni

Zaprzaniec

Nie taki, któremu koguty piały. Za
Wielki byłby mu zaszczyt, a tak
Lepiej, że pies za nim nie szczeka;
Koń nie rży; wilk nie wyje; karawana
Nie idzie mimo.
              Przebywał na bezludziu,
Wśród milczących zwierząt i zeschłych
Liści. Nie ma się kogo i nie ma się czego
Zaprzeć. Uciekł więc i wyparł wodę w oceanie
I traci na ważkości tyle, co waży
Woda wyparta przez jego duszyczkę.

Strażniczka

Cnotę i niecnotę zarówno powierzono
Jej pieczy. Jest chuda i nie pozwala,
Aby te dwie tłuste ptaszyny ze sobą
Nawiązały łączność: wspólną ongiś klatkę
Podzieliła pionowo pleksiglasem na pół,
Aby mogły się oglądać nie dotykając.

Pręty tej klatki najpierw zardzewiały, a
Potem, kiedy rdza z nich opadła, okazały
Się strunami. Cnota trącała struny
I niecnota trącała struny: obie dziobami i
Z tego powstała harmonia.
              Wtedy strażniczka
Zaczęła rdzewieć, a kiedy i z niej rdza
Opadła, okazało się, że jest niema i głucha.

A Variety of People

The Denier

Not one for whom roosters crowed; that
Would have been too great an honor, hence
Better that no dogs bark at him, no horses
Neigh, no wolves howl, and no caravan
Moves on by.
                    He dwelled in a desert
Among silent animals and dried
Leaves. With nobody and nothing to
Deny or displace. So he escaped and displaced the water
In the oceans. And lost as much gravitas
As the weight of the water displaced by his little soul.

The Warden

She was entrusted with virtue and vice
Equally. She was skinny and would not allow
These two fat birds to connect:
The cage, once shared, she divided
Vertically in half with plexiglass
So they saw, but did not touch.

First the cage bars rusted, and when
The rust flaked off, the bars turned out
To be strings. Virtue touched the strings,
Vice touched the strings, both with their beaks,
And from this came harmony.
                            Then the warden
Started to rust, and when her rust
Flaked off, it turned out she was deaf and mute.

Lekkoduch

Miał kule u nóg, kajdany na przegubach
Rąk; kolana i łokcie miał wolne; ciało więc
Ciążyło mu, choć pełzał po zeskorupiałych
Kontynentach i kontynenty podpalał.
Ten ogień grzał go; rozgrzewał; przegrzewał i
Z tego grzania wynikał z jego ciała
Duch lekki aż do nieważkości. Duchem tym
Szybował nad lodowatymi oceanami i tak
Spinał bieguny wszelkiego istnienia.

Wierny sobie

Wierny sobie albo czemuś w sobie: uważa,
że to w istocie to samo i z tym (z istotą)
Ma niejakie kłopoty; bo co to jest, to
Coś, co w nim tkwi?
                A to się w nim zmienia.
Raz mieszkają w jego piersi koboldy, raz
Kowale; niekiedy grzmią w czaszce wodospady,
Niekiedy popiskuje piccolo-flet; brzuch bywa
Mu ciężarny głazem do urodzenia,
Ale bywa i pusty głodem.
                I tak wierny
Jest koboldom i głazom, wodospadom
I głodom, fletom i kowalom: rytmowi.

The Butterfly

With irons on his legs and shackles on his
Wrists, his knees and elbows were free; therefore
His body weighed him down even if he crawled
Over the encrusted continents setting them on fire.
The fire warmed, heated, overheated him,
And out of the heat, a light almost weightless
Spirit rose from his body. With this spirit
He soared above the ice-cold oceans, and thus
He joined together the poles of all existence.

The Steadfast

True to himself, or to something in him: he believes
In essence they are the same, and he has a problem
with this (the essence) because what is it—this
Thing that is in him?
                      Yet it keeps changing in him.
Now sprites dwell in his breast, then
Smiths; sometimes waterfalls roar in his head,
Sometimes a fife peeps; his belly may
Carry a stone to be born, but also
May be barren and hungry.
                      Thus he is steadfast
To sprites and stones, water
And hunger, smiths and fifes—to the rhythm.

Mistrz nad mistrze

W rzeczywistości panuje już tylko
Nad swoim ciałem, choć kiedyś wydawało
Mu się, że nosi w sobie wielogłosową
Orkiestrę uduchowienia, którą dyrygował
Wedle swego widzimisię.
                    Była to oczywista
Nieprawda. Teraz wydaje mu się,
Że stoi przed niebywałą orkiestrą
Rzeczywistą i wyczynia gimnastyki
I akrobacje, staje na rękach, wystawia
Świecę, uruchamia smyczki, blachę,
Drewno i perkusję, śmieje się na
Głos i pluje instrumentom w twarz,
Bo nie ma przy nich grajków.
                         Naprawdę
Robi to przed lustrem, w którym
Siebie samego dojrzeć nie jest w stanie.

Model

Był Karolem piątym dla Tycjana, pozował
Jako Mozart nieznanemu wystrzygiwaczowi
Sylwetek, Cezanne'owi siadywał jako
Cezanne i wcielał się w niezliczoną liczbę
Rembrandtów. A jeszcze miewał kontakty
Z Praksytelesem, z Olgą Boznańską, z
Velasquezem, Dürerem i Munchem.
Zwiedził
          Wszystkie galerie Europy, prze-
Rażony biegł od portretu do portretu, aż
Wreszcie dopadli go, przywiązali do pala
I wstrzelili mu strzały do tułowia. Pozostał
Jednym z wielu świętych Sebastianów,
Tylko że żywy, drgający i nikt go nie malował.

The Maestro of Maestros

In fact, now he can only master
His body even though he once believed
That he carried within a multi-voiced
Orchestra of soulfulness that he conducted
On a whim.
                    Obviously this is
Not true. Now he imagines
He stands before an incredible
Actual orchestra and performs gymnastics
And acrobatics, handstands, shoulder
stands, directs the strings and brass,
Woodwinds and percussion, laughs out
Loud and spits in the faces of the instruments
Who have no players.
                    In truth,
He is in front of a mirror in which
He can't see himself.

The Model

For Titian he was Charles the Fifth, he posed
As Mozart for an anonymous silhouette
Artist, for Cezanne he sat as
Cezanne and represented countless
Rembrandts. Also, he kept in touch
With Praxiteles, Olga Boznańska,
Velásquez, Dürer and Munch.
He visited
           Every European gallery and ran panic-
Stricken from portrait to portrait, until
They caught him, tied him to a stake
And shot him full of arrows. He became
One of the many Saint Sebastians,
Except alive, trembling, and no one painted him.

Fugato

Z mistrzem się spotkał zaprzaniec i
Iskry leciały z tego spotkania, choć nie
Wiadomo dlaczego, bo zderzenia nie było,
A kowale byli nieobecni: przepadli.
W krajobrazie spotkania grały wodospady
W dalekim tle i ktoś pozował lekkoduchowi,
Który jął się malarstwa.
                    Strażniczka została
Wierna sobie, swojej kobiecej rdzy i klatkom
Z cnotą i niecnotą. Było, powiadają,
Strasznie i wszystko znieruchomiało, także
I harmonia, i w tym znieruchomieniu
Ucieczka stała się myślą i wyobrażeniem,
Lotem bezprzestrzennym,
                    Zapisem, ale
Jakim: nutowym, klinowym, ideogramem?

Berlin, w maju 1980 r.

The Fugue

The denier met the maestro and
Sparks flew but nobody knew why
As there was no collision and the smiths
were absent; they went missing. Waterfalls
Played where they met, and in the distance
somebody posed for the butterfly
Who became a painter.
                              The warden remained
Steadfast to herself, feminine rust and the cages
With virtue and vice. They say it was
Frightful, and everything froze including
Harmony, and in this stasis
Escape became thought and imagination,
Spaceless flight,
                    Notation but
What sort—a score, cuneiform, pictogram?

Berlin, May 1980

Konfesja

Ryszardowi Przybylskiemu

1.

Odejść od Mickiewicza. Przestać wędrować
Brzegami wielkich rzek (Wisły, Niemna), bełtliwe
Są; były zawsze bełtliwe, jeszcze przed skażeniem
Wody, ziemi, powietrza i ognia; trzeba wejść
W zimny strumień kamienistej cieczy, niosącej
Szron. Nie, nie wędrować brzegami: brodzić nurtem,
Zawężeniem, ciasnotą.
                     Mrozy traktować z humorem.

2.

Zerwać te więzy; zerwać porozumienie; wejść
W inne aliansy. Filozofii wszelkich zażywać
Tak wina lub tabaki; jeśli się da, czytać
Jak poematy; ale też i różne poematy trzymać
Na jednej półce. Nie dawać się urzekać
Przyrodzie, skąpić jej słów, nie ulegać
Sielankom i krajobrazom; wynajdywać
Niedorzeczności.
                   Bawić się niedorzecznościami.

Confession

to Ryszard Przybylski

1.

Break with Mickiewicz. Stop wandering
The banks of great rivers (the Vistula, the Neman), they are
Roily; they were always roily, even before the pollution
Of water, earth, air, and fire. One must enter
The cold stream of the stony liquid carrying
Hoarfrost. No, don't wander the banks, but wade in the current,
In the narrows, the confines.
      Suffer the cold with humor.

2.

Break the ties, break the deal; enter
Different alliances. Sample all philosophies
Like wine or snuff; if you can, read them
Like poetry. But also keep poetry
On the same shelf. Don't be enchanted
By nature—don't waste your words or succumb
To pastoral landscapes. Discover
Absurdities.
   Enjoy them.

3.

Nie wadzić się z Bogiem; nie powiadać
Ja i Ty; ani Ty i ja; to językowo niedobre; utrącać
Pychę: Cóż Ty większego? Wysoko utwierdzać
Pokorę: Tyś Pan wszystkiego. Nie stawiać
Pytajnika: ostrożnie kropkę. Nie krzyczeć
Na Alpach (a -a -a); w zamian grać
W piszczałkę.
     Cieszyć się fletem prostym.

4.

Odejść od harmoniki kręgów: od szkła,
Moczonego octem (o -o -e -o -o -e). To nie jest
Harmonia sfer: to jęk bełtliwy i skażenie
Rymu morze-zorze i rytmu, którym dygocze
Białoskrzydła pływaczka; nie znająca słodyczy
Wielkich rzek. Ida wysoka?
     To bardzo surowa sprawa.

Berlin, lipiec-sierpień 1980

PS. Nie chodzi mi o przeciwstawienie Renesansu (powiedzmy: klasyczności) Romantyzmowi. Tych różnic nie rozumiem i nie chcę rozumieć.

3.

Don't wrestle with God; don't say
I and Thou, or You and me—such poor language; knock down
Pride: are You really greater? Raise up
Humility: You are the Lord. Don't
Use a question mark, but cautiously, a period. Don't shout
From the Alps (o-e-a). Instead play
A fife,
      Enjoy the recorder.

4.

Part with the glass harmonica, forget the vinegar
And bowls (i-e-a-a-o). This is not the harmony
Of the spheres, it is roiling moans and muddled
Rhyme: spoon moon, and the rhythm with which
The white-winged sea-swimmer trembles, oblivious
To the sweetness of the great rivers. Lofty Mt. Ida?
                              This is a serious matter.

Berlin, July–August 1980

P.S. I don't mean to pit the Renaissance (or rather Classicism) against Romanticism. I neither understand these oppositions, nor do I wish to.

Biały wiersz

Pozdrowieni czystość niosący
na barkach, jak kosze srebrnych ryb. Dzień poza nimi
zsunie się z pleców w rzekę – wydłuży chropawą ulicę
płócienną taśmą aż po brzeg, przesunie miasto, wieżę ratuszową
i dzwonnicę i rynek do przodu, aż oczy odpoczną
To oni o zmroku
napełnią niebo seledynem i ułożą czerwone szyby zachodu
  w rzece.
To oni mocni są wstrzymać czas i czarnym konturem,
niby węglową kreską, narysować swe domy, aby nie zatonęły
w pustym sześcianie nocy. To oni wreszcie
przystaną na bruku, by rozżarzyć fajki i zaciągnąć się dymem.
Za nimi dzieci, opalone półnagie cyganiątka, wpadną w wodę
i rozpluszczą rzekę, chlustając fioletowe bryzgi na osuwający
  się łeb wieczoru.
Pozdrowieni rybacy, niosący czystość na barkach,
jak kosze srebrnych ryb.

Odrodzenie 6/1946

Free Verse

Praise be to those who shoulder purity
like baskets of silvery fish. The day behind them
will slide down their backs into the river—it will stretch
    the rough street
like bias tape all the way to the banks, and push forward
    the town: the town hall tower,
church steeple, and marketplace, so their eyes can rest.
They are the ones who at sundown
will fill the sky with celadon and drop sunset's red
    windowpanes in the river.
They have the power to stop time and draw the outlines
    of their houses
with a charcoal to keep them from sinking
into the empty cube of night. Then they
will stop on the cobblestones to light their pipes and have
    a smoke.
The children behind them, half-naked ragamuffins, will fall
    into the water
and stir up the river sending purple droplets onto the
    evening's receding head.
Praise be the fishermen who shoulder purity
like baskets of silvery fish.

Odrodzenie, June 1946

Poetom snu

Szyje łabędzie, którym obca wojenna sztuka
i obce lwy, suszące piasek pustyni w Afryce
– przesuwają jeziora w tył, w krainę śmierci
i brzegi do tyłu, w krainę możnego oddechu.
Gołębie dzioby, otwarte jak ludzkie oczy,
którym ciała poległych wlały miękkość pobojowiska,
piją wody ciepła i czarnym nocnym haustem
zrzucają śpiącą Europę jak worek – w morze Śródziemne.

O, tam rozkosz! I ludność Francji, leniwe hiszpańskie kobiety,
pijani Anglicy, śpiewność Rosjan i powolni Szwedzi
będą się przechadzać po dnie, podobni straszliwym aniołom,
będą odkrywać swą ludzkość, pozbawioną ciężaru ciała,
nieważcy, staną się braćmi, płynący, wierzący w Boga łatwo
jak w latarnię morską. Tu, wśród wodorostów
każdą zieloną smugą nauczą się własnych włosów
i spragnieni, pić poczną jak konie; w końcu się uniosą
i rozpłyną w chmurach – w dnach powolnych parowców.
Podobni pęcherzom powietrza – tu, wśród wodorostów.
Podobni końskim chrapom, miękkim końskim chrapom
tu, wśród wodorostów. Poeci snów – wam moje zdziwienie,
jak wielka przepaść, w którą wlewa się ogrom płynnego żelaza,
rozwartym ujściem chińskich rzek: dźwiękiem gongu.

Twórczość 12/1946

For Poet Dreamers

The necks of swans, for whom the art of war is alien,
and alien lions drying the desert sands of Africa—
push back the lakes into the land of death,
Move back the shores into the land of mighty breath.
The beaks of doves open like human eyes into which
The corpses of the fallen have drained the softness of the battlefield,
Drink the waters of warmth, and with a black gulp of night
Dump the slumbering Europe into the Mediterranean.

How delightful! French people, lazy Spanish women,
drunken Englishmen, melodious Russians, and easygoing Swedes
will stroll on the seabed like fearsome angels,
discovering their humanity minus their body weight.
Weightless, they will become brothers sailing on and naively
believing in God like a beacon. Here among the seaweed
they will meet their own hair with every green ribbon,
and thirsty they will drink like horses, and at last take off
to dissolve in the clouds—the hulls of slow steamers.
Similar to air bubbles—here among the seaweed.
Similar to horse nostrils, silky horse nostrils—here among
   the seaweed.
To poet dreamers—my bewilderment,
Like a great abyss where great quantities of liquid iron are poured
from the open mouths of Chinese rivers—like the sound of
   a gong.

Twórczość, December 1946

Chrystus rozdzielający mleko

Ta ryba, wyrzeźbiona w drzewie, na której znać
ślady rylca gotyckiego artysty,
jest ciężka jak kamień. Widać, jak się apostołowi
z dłoni wyślizguje. Plusk jej napełni
i Morze Martwe, i jezioro Genezaret,
i Morze Śródziemne, i Bałtyckie, i Kanał,
i Oceany, i Morza Południowe.
Plusk drewnianej ryby, którą nakarmiono rzesze głodnych,
jak skrzypem innego drzewa karmią się pokolenia.
Lecz dzisiaj kują krucyfiksy z aluminium, z metalu,
w którym pozostał trzask zestrzelonych samolotów,
a który biały jest niby mleko. I jakże lekki!
Twoja postać z dzbanem, której nadano ostrość włóczni,
stoi koło mnie. Oto cisza: napoisz nas mlekiem,
rozdzielisz je między nowe pokolenia,
mleko oślicy, które wielbili starożytni,
mleko kóz, żywicielek ubogich,
mleko matki zestrzelonego lotnika.

Dziennik Literacki 13/1948

Christ Distributing Milk

The fish carved in wood with traces
of the Gothic artist's chisel
is as heavy as stone. See how it slips
from the apostle's hand. The splash will fill
the Dead Sea, and Lake Kinneret,
the Mediterranean, the Baltic, the Channel,
the Oceans, and the South Seas.
The splash of the wooden fish fed the hungry masses
just like the creak of a different wood nourishes generations.
Nowadays crucifixes are made of aluminum, a metal
which retains the crushing sound of downed planes,
metal white as milk. And so light!
You, honed like a spear, are near me
holding a pitcher. In silence you will feed us milk,
distributing it to new generations:
the milk of the donkey, so valued by the ancient people,
the milk of the goat—poor people's provider—
the milk of the downed airman's mother.

Dziennik Literacki, no. 13, 1948

Śmierć

Z prochu powstaniesz i w proch się obrócisz. Z morza powstałeś
I w morze się obrócisz. Z powietrza powstałeś i w powietrze
Się obrócisz. Z ognia powstałeś i w ogień się obrócisz.
Ale ani proch cię nie pochłonie, ani morze, ani powietrze,
Ani ogień. Ani żywy nie przynależysz do żywiołów, ani umarły,
Choć tam twój cielesny początek i cielesny koniec, pewność zaś
Śmierci cielesnej jest natury indukcyjnej. Na jakiś sposób
Śmierć to obrządek, podobny narodzinom, lecz tylko
Podobny; obrządek urzeczywistniany lub nie. Ziemia i woda,
Powietrze i ogień pulsują i nie są Tchnieniem. Umierając,
Wydajesz ostatnie twoje niskie tchnienie, aby stało się
Tchnieniem Wysokim i aby ono było sądzone. Wtedy rodzaj śmierci
Jest obojętny; nie należy do wizji ani do zachwycenia,
Ani do Prawa. Zachwycenie jest straszne: anioł w cichym locie.

Tygodnik Powszechny 39/1985

Death

Dust to dust. Sea to sea. Air to air. Fire to fire.
But neither dust, nor sea, nor air, nor fire will consume you.
Dead or alive, you do not belong among the elements.
Even if your bodily beginning and end are in the elements.
The certainty of bodily death is inferred. In a way
Death is a rite similar to birth, but merely
Similar—whether performed or not. Earth, water,
Air, and fire pulsate, but they are not Breath. Dying
You exhale your final lowly breath so that it may become
The High Breath of judgement. Then the kind of death
Is irrelevant—belonging neither to vision, nor awe,
Nor Law. Awe is frightful—an angel in silent flight.

Tygodnik Powszechny, no. 39, 1985

Rozmyślania (luźne)

Straciliśmy, mówią, niewinność i nie wiemy co to natura.
U Homera jednak też nie ma opisów przyrody.
Ukazał tylko tarczę Achillesa, lecz to była robota kowalska;
Boska rzekomo, choć wykopaliska świadczą o czym innym.

Legendarną postać Homera Grecy uczynili ślepym.
Lubili bajdurzyć, ale wiedzieli o czym bajdurzą.
Nie przekazali nam, czy był ślepym od urodzenia,
Czy też oślepł po drodze, a dróg przewędrował wiele.

Da się więc pomyśleć i tak, i tak, jak wygodniej.
Co do nas, żyjących w dwudziestym stuleciu,
Oślepliśmy również, choć na innych drogach,
Gdzie nie śpiewaliśmy pieśni w rytmie iloczasu.

Ogłuchliśmy na iloczas, nie wiemy, jak brzmiał.
A jendnak całe stulecia opiewaliśmy, czego Homer nie widział:
Grozę i uśmiech morza, rzeki po równinach, kwiaty,
Góry i wąwozy, zieleń zagajników, gwiazdy i zwierzęta.

Już Horacy powiedział: ut pictura poesis
I tak to trwało po kres romantyzmu.
Ryczały wodospady, hulały wiatry, czerwieniły się horyzonty,
Póli nie zaczęto mierzyć i rachować: szybkość wiatru, długość
    fal, decybele.

Oślepliśmy tedy znowu i czyżbyśmy byli,
Jako tłum poetów tego wieku, tłumem Homerów,
Opisujących dzieła rąk ludzkich i sztukę zabijania;
Ale nie sztukę umierania, bo oduczyliśmy się jej.

Nie da się marzyć o księżycu, widzianym na niebie
W mijaniu chmur, ani jak Goethe powiedzieć, że słońce

Musings (Random)

It is said we have lost our innocence and no longer know nature.
Yet Homer did not describe nature either.
He only showed Achilles' shield, a smith's handiwork,
Supposedly divine, although the excavations prove otherwise.

The Greeks made the legendary character of Homer blind,
They loved to invent things, but they knew what they were doing,
They did not reveal whether he was blind by birth,
Or became blind along the road—and he traveled many.

So things could go either way, whichever more convenient.
As for us living in the twentieth century,
We have also become blind, although on very different roads—
On which we have not sung songs to the beat of a set meter.

We have become deaf to it. We no longer know how it sounded,
Still for centuries we sang of what Homer did not see:
The horror and smiles of the sea, rivers on plains, flowers,
Mountains and ravines, lush forests, stars and animals.

It was Horace who said *ut pictura poesis*
And so it went until the end of Romanticism,
Waterfalls roared, winds whistled, horizons blushed
Until measuring and counting began: the speed of wind,
    wavelengths, and decibels.

Then we, today's flock of poets, once again became blind.
Are we not just like a flock of Homers
Describing the works of human hands and the art of killing—
Though not of dying for we have unlearned this art.

We can no longer dream of the moon as seen
Among passing clouds in the sky, or to say like Goethe that
    the sun

Kończy przepisaną sobie drogę grzmotem.
Księżyc jest przydeptany, słońce produkuje plamy.

Gdzie przyroda być może nietknięta, tam głód.
Nie ma tragedii pstrąga u wędki – spływa brzuchem do góry.
A zresztą pstrągi są hodowlane, to przemysł.
Staniała ryba królewska i rzeki dla niej niedobre.

Róża przestałą być mistyczna, palma – męczeńska,
Lilia polna symbolem czystości i beztroski.
Błękit jezior jest przenikliwszy, niż przed wiekami,
Ale ta przenikliwość to klarowne jady.

Czyżbyśmy rzeczywiście utracili niewinność?
Czy rzeczywiście nie wiemy, co to natura?
Natura naturata? Natura naturans?
Socrate wydawała się Horacemu wysoka; nieprawda.

Starczyło trochę śniegu, bo zima i już pory roku
Pomieszały mu się przy malowaniu tła.
Był człowiekiem miasta, Rzymu, wieży Babel,
Choć, rozdwojony, chciał spojrzeć na wieżę z lotu ptaka.

Chyba nie wiedzieliśmy, co to niewinność.
Tęsknimy za czymś, czegośmy nigdy nie utracili,
Albo utraciliśmy tak dawno, że pamięć zawodzi.
Homer siedzi w nas głębiej niż Horacy ze swym złudzeniem.

Homer z tarczą Achillesa, który może ma słabość pięty,
Ale nie jest to słabość Homera, lecz Achillesa i nasza.
Téchne i poesis to siostry bliźniaczki, papużki nierozłączki:
Oszuści podstawiają samotnej papużce lustro.

Tak, wiem: przerażenie, oszołomienie, żachwyt; razem: wzniosłość.
Wybuch wulkanu i przepaście; ani to poesis, ani téchne.
Oszołomienie, przerażenie i zachwyt nie są także naturą,
Tkwią w nas przyczajone jako psyche, gotowe do erupcji:

Concludes its predestined journey with a clap of thunder.
The moon is half-trampled, the sun has spots.

Where nature's still untouched, there is hunger.
No longer a tragedy of the trout on the rod—it floats
Belly up. Besides, trout is farmed, it's an industry.
The royal fish is now cheap and rivers are bad for it.

The rose ceased to be mystical, the palm—of martyrdom,
Or the lily a symbol of purity and joy.
The blue of lakes is purer than ever,
But their purity is pure acid.

Have we really lost our innocence?
Do we really no longer know nature?
Natura naturata? Natura naturans?
Monte Soratte seemed high to Horace—this is not true.

A little snow in winter, and he
Confused the season when sketching the background.
A city dweller, of Rome and the tower of Babel, he was
Split inside—and wanted a bird's eye view of the tower.

Likely we never knew innocence.
We long for what we never lost,
Or lost it so long ago our memory fails us.
Homer sits deeper inside than Horace with his delusions—

Homer with the shield of Achilles whose heel may have been weak.
But this weakness was Achilles' and ours, not Homer's.
Techné and *poesis* are twin sisters, lovebirds,
While cheaters put only one against a mirror.

I know: fear, astonishment, and awe—all sublime.
Volcanic eruptions or abysses are neither *poesis* nor *techné*.
Astonishment, fear and awe are not nature either.
They lurk inside our psyche, ready to erupt.

Jako ogień (feu, feu, feu!) o którym krzyczał umierający Kartezjusz,
Jako krzak gorejący, jaki ukazał się Pascalowi,
Jako płonący wóz Eliasza w porażającym pyle iskrzenia.

Więc nawet Homer nie napisał świętych ksiąg.

Berlin, w maju 1985 r.

As the fire (*feu, feu, feu!*) of the cries of dying Descartes,
As the burning bush of Pascal's vision,
As the burning chariot of Elijah amidst its paralyzing dust of sparks.

Thus even Homer wrote no holy books.

Berlin, May 1985

Stół lepszy i gorszy

W wielkiej powieści o kuracjuszach
W sanatorium

Opowiada się, że chorzy pewnej narodowości
Zasiadali w jadalni przy dwóch stołach.
Był to lepszy i gorszy stół rosyjski.

Podział polegał na różnicach w wytworności;
Wytworność jest rzeczą umowną;
Jakie były istotniejsze różnice, tego
Podczas lektury nie zdołałem stwierdzić.

Czego w tekście nie ma, to
Da się dopisać na własny rachunek.

Chorzy przy lepszym stole byli
Przekonani, że mają czyste ręce. Nieprawda,
Mieli ręce umazane we krwi. Chorzy
Przy stole gorszym byli przekonani, że
Mają ręce brudne. Nieprawda, mieli ręce
Umazane we krwi. Krew, ani to brud, ani czystość.

Podczas kuracji pory w skórze rąk
Poszerzały się nadmiernie i krew
Wysiąkała na powierzchnię. Kapała
Do kleiku, dżemu, do sosu, na
Pieczeń i na obrus. Kiedy ściskali sobie
Ręce, krew ściekała na podłogę; ale
Ściskano sobie ręce przy każdym stole z osobna.

Stołami i krzesłami natomiast
Wiły się spaśne, długie i białe pędraki,
Zaopatrzone w wąskie ryjki do spijania
Krwi. Im więcej piły krwi, tym bardziej się

The Better and Worse Tables

In a great novel about patients
In a sanatorium

Patients of a particular nationality
Were seated at two tables in the dining room—
The better and the worse Russian tables.

The distinction was in the degree of refinement.
Refinement is a matter of convention.
I couldn't figure out from reading
If there were other significant differences.

The reader may deduce
What is not in the text.

Patients at the better table were
Convinced their hands were clean. Incorrect—
Their hands were smeared with blood. Patients
At the worse table were convinced
Their hands were dirty. Incorrect, their hands
Were smeared with blood. Blood is neither dirty nor clean.

During treatment the pores on the skin of their hands
Expanded excessively and blood
Oozed to the surface. It dripped
on the porridge, jam, sauces,
Roast meat, and the tablecloth. When they shook
Hands, blood dripped onto the floor. Still,
Each table shook hands separately.

Meanwhile, long, fat, white maggots
With narrow bloodsucking mouths
Wriggled on the tables and chairs. The more
Blood they drank, the more agitated

Rozjuszały. Wiodły z sobą długotrwałe
Wojny w imieniu stołów, zawierały obłudne
Rozejmy i układy. Kuracjusze obu
Stołów nie dostrzegali pędraków.

Panie przy gorszym stole wzdychały; Ach,
Ci przy stole lepszym mają czyste ręce;
Jacy szczęśliwi. Panie przy lepszym stole
Wzdychały; Ach, ci przy stole gorszym
Mają brudne ręce; lepiej im się wiedzie od nas.

Krew oczywiście nadal robiła
Swoje, tj. kapała z rąk.

Co do mnie, przestałem już uznawać
Różnicę w stopniu wytworności.
Nie sadzajcie mnie przy lepszym albo
Przy gorszym stole. Miewam ręce brudne
I czyste na przemian. Krew z nich ścieka,
Jeśli się skaleczę. Nie odżywiam białych pędraków.
Dla mnie stół osobny.

They became. On behalf of the tables
They waged long wars with each other,
And entered into phony ceasefires
And treaties. The patients at both tables
Did not notice the maggots.

The ladies at the worse table murmured, Oh,
The people at the better table have clean hands and
Are so happy! The ladies at the better table
Murmured, Oh, the people at the worse table
Have dirty hands, they must be better off.

Of course the blood continued to do
What it was doing, i.e. drip from their hands.

As for me, I no longer recognize
Differences in degrees of refinement.
Don't put me at the better or
worse table. My hands are dirty
And clean in turn. Blood drips
When I cut myself. White maggots don't feed on me.
A separate table, please.

Spalanie

Podrzucono nam z dawna i niedawna
Przyrównanie człowieka do świecy:
Wydziela z siebie płomień
I tym samym unicestwia się ostatecznie.

Sprzeciwiam się temu oszczerstwu.
Ostrzegam przed tym oszczerstwem.

Nie jestem woskiem ani parafiną,
Stearyną choćby samosterowną,
Ugniecionym ciałem z przeciągniętym
Postronkiem.

Domniemywam, że paląc się nie tracę nic
Ze swojej substancji. Myślę raczej, że
Pomnażam ją i kiedy zgasnę
Zostanie po mnie spotworniały zasób

Palnego materiału, już nie
Do spalania. To będzie substancja
Lotna. Twarda. Jadowita.
Pożywna. Obojętna. Ostrzegam.

Combustion

The comparison between man and candle
Has been suggested then as now:
A flame is ignited
And then in the end self-annihilates.

This is libel. I am warning you.
I object.

I am neither wax nor paraffin,
Not even self-steering stearin.
I am not a mold impaled by
A cord.

I assume that I lose none of my essence
As I burn. I rather think
I expand it, and when I expire
I will leave behind a terrible trove

Of flammable material, un-
Suitable for burning. It will be
Volatile. Hard. Venomous.
Nutritious. Indifferent. I am warning you!

Acknowledgments

Thank you to Witold Wirpsza's late son Aleksander Wirpsza (Leszek Szaruga), a poet and literary scholar, for graciously granting permission for these translations. Thank you to Jan Zieliński, student of twentieth-century Polish poetry, who offered valuable interpretive suggestions. Thank you to the Polish Book Institute (Instytut Książki) for partially funding this translation. Thank you also to Matvei Yankelevich and World Poetry for taking this book on and shepherding it through the publication process.

The translator Frank L. Vigoda is a composite character. Its American native speaker half, Ann Frenkel, wears multiple hats, one important one for this volume, that she trained as a musicologist. Without her knowledge of the subject, this translation would not be possible. At the same time, poetry translation requires the kind of intimacy with the source language that only a native speaker can provide, and Gwido Zlatkes as usual wore this hat. Their love and appreciation are reciprocal.

Witold Wirpsza (1918–1985) published his first collection in 1935 at the age of 17 and went on to write some twenty volumes of poetry in all. He spent much of WWII in a German POW camp and later translated from German. From 1968 until his death he lived in West Berlin. In 1971, after publishing an essay titled *Pole, Who Are You?*, he was banned from publishing in Poland. His skeptical, philosophical poems, which often take inspiration from music—he was a trained musician—look askance at the ideological entanglements of language.

Frank L. Vigoda is the pen name for husband-wife translating duo Gwido Zlatkes and Ann Frenkel who translate from Polish to English. Their recent books include Karol Modzelewski's autobiography *Riding History to Death* (Rowman & Littlefield) and Aleksander Wat's *Against the Devil in History: Poems, Short Stories, Essays, Fragments* (Slavica Books).

This book was typeset in Bona Nova by Mateusz Machalski, a revival and expansion of Andrzej Heidrich's Bona—a delicate cursive typeface designed in 1971. The cover, designed by Andrew Bourne, features a short musical passage "Apotheosis (Bach)" by composer Tobias Whitaker, and makes use of Gaultier, a sans-serif antiqua, also by Machalski. Typesetting by Don't Look Now. Printed and bound in Lithuania by BALTO Print. Manufactured by Arctic Paper in Sweden, the paper in this book meets EU Ecolabel, Forest Stewardship Council, and Cradle to Cradle certification standards.

 WORLD POETRY

Marie-Noëlle Agniau
The Escapades
tr. Jesse Hover Amar

Nadia Anjuman
Smoke Drifts: Selected Poems
tr. Diana Arterian & Marina Omar

Jean-Paul Auxeméry
Selected Poems
tr. Nathaniel Tarn

Boethius
The Poems from On the Consolation of Philosophy
tr. Peter Glassgold

Maria Borio
Transparencies
tr. Danielle Pieratti

Astrid Cabral
Spotlight on the Word
tr. Alexis Levitin

Jeannette L. Clariond
Goddesses of Water
tr. Samantha Schnee

Jacques Darras
John Scotus Eriugena at Laon
tr. Richard Sieburth

Mario dell'Arco
Day Lasts Forever: Selected Poems
tr. Marc Alan Di Martino

Marie de Quatrebarbes
The Vitals
tr. Aiden Farrell

Olivia Elias
Chaos, Crossing
tr. Kareem James Abu-Zeid

Gastón Fernández
Apparent Breviary
tr. KM Cascia

Jerzy Ficowski
Everything I Don't Know
tr. Jennifer Grotz & Piotr Sommer
PEN AWARD FOR POETRY IN TRANSLATION

Antonio Gamoneda
Book of the Cold
tr. Katherine M. Hedeen & Víctor Rodríguez Núñez

Mireille Gansel
Soul House
tr. Joan Seliger Sidney

Óscar García Sierra
Houston, I'm the problem
tr. Carmen Yus Quintero

Phoebe Giannisi
Homerica
tr. Brian Sneeden

Zuzanna Ginczanka
On Centaurs & Other Poems
tr. Alex Braslavsky

Julien Gracq
Abounding Freedom
tr. Alice Yang

Leeladhar Jagoori
What of the Earth Was Saved
tr. Matt Reeck

Nakedness Is My End: Poems from the Greek Anthology
tr. Edmund Keeley

Birhan Keskin
Earthly Conditions: Selected Poems
tr. Öykü Tekten

Jazra Khaleed
The Light That Burns Us
ed. Karen Van Dyck

Judith Kiros
O
tr. Kira Josefsson

Dimitra Kotoula
The Slow Horizon That Breathes
tr. Maria Nazos

Maria Laina
Hers
tr. Karen Van Dyck

Maria Laina
Rose Fear
tr. Sarah McCann

Perrin Langda
A Few Microseconds on Earth
tr. Pauline Levy Valensi

Anna Malihon
Girl with a Bullet
tr. Olena Jennings

Afrizal Malna
Document Shredding Museum
tr. Daniel Owen

Joyce Mansour
In the Glittering Maw: Selected Poems
tr. C. Francis Fisher

Manuel Maples Arce
Stridentist Poems
tr. KM Cascia

Ennio Moltedo
Night
tr. Marguerite Feitlowitz

Meret Oppenheim
The Loveliest Vowel Empties: Collected Poems
tr. Kathleen Heil

Giovanni Pascoli
Last Dream
tr. Geoffrey Brock
RAIZISS/DE PALCHI TRANSLATION AWARD

Gabriel Pomerand
Saint Ghetto of the Loans
tr. Michael Kasper & Bhamati Viswanathan

Liliana Ponce
Theory of the Voice and Dream
tr. Michael Martin Shea

Rainer Maria Rilke
Where the Paths Do Not Go
tr. Burton Pike

Amelia Rosselli
Document
tr. Roberta Antognini & Deborah Woodard

Elisabeth Rynell
Night Talks
tr. Rika Lesser

Waly Salomão
Border Fare
tr. Maryam Monalisa Gharavi

George Sarantaris
Abyss and Song: Selected Poems
tr. Pria Louka

George Seferis
Book of Exercises II
tr. Jennifer R. Kellogg

Seo Jung Hak
The Cheapest France in Town
tr. Megan Sungyoon

Ahmad Shamlou
Elegies of the Earth: Selected Poems
tr. Niloufar Talebi

Ardengo Soffici
Simultaneities & Lyric Chemisms
tr. Olivia E. Sears

Liesl Ujvary
Good & Safe
tr. Ann Cotten & Anna-Isabella Dinwoodie

Paul Verlaine
Before Wisdom: The Early Poems
tr. Keith Waldrop & K.A. Hays

Witold Wirpsza
Apotheosis of Music
tr. Frank L. Vigoda

Uljana Wolf
kochanie, today i bought bread
tr. Greg Nissan

Ye Lijun
My Mountain Country
tr. Fiona Sze-Lorrain

Verónica Zondek
Cold Fire
tr. Katherine Silver